吴晗经典
作品集

吴晗 著

谈学习

民主与建设出版社
·北京·

图书在版编目（CIP）数据

吴晗经典作品集 / 吴晗著 . — 北京：民主与建设出版社，2020. 11
ISBN 978-7-5139-3288-2

Ⅰ . ①吴… Ⅱ . ①吴… Ⅲ . ①中国历史-明代-文集
Ⅳ . ① K248.07-53

中国版本图书馆 CIP 数据核字（2020）第 211762 号

吴晗经典作品集
WUHAN JINGDIAN ZUOPINJI

著　　者　吴　晗
责任编辑　刘树民
封面设计　煊坤博文
出版发行　民主与建设出版社有限责任公司
电　　话　（010）59417747　59419778
社　　址　北京市海淀区西三环中路 10 号望海楼 E 座 7 层
邮　　编　100142
印　　刷　三河市华晨印务有限公司
版　　次　2021 年 2 月第 1 版
印　　次　2021 年 2 月第 1 次印刷
开　　本　690mm × 960mm　1/16
印　　张　80.5
字　　数　1072 千字
书　　号　ISBN 978-7-5139-3288-2
定　　价　198.00 元（全五册）

/前言/

吴晗，原名吴春晗，字辰伯，出生于1909年，是浙江义乌吴店苦竹塘村人。吴晗的父亲吴瑸珏是清末的秀才，也曾在新式学堂里上过几年学，毕业后当过公务员。吴晗的母亲蒋山荫出身贫农家庭，没有上过学，不识字。

吴晗的父母亲对待孩子十分严厉，加上吴晗又是家中四个孩子中的老大，要起带头作用，因此父母经常采用打骂的方式管教吴晗，这导致他在青少年时期与父母，尤其是父亲的关系比较紧张。也许是出于这个原因，吴晗上中学的时候是个名副其实的"坏学生"，拿他自己的话说："同班年岁大的学生教我吸烟、打麻将，被学校发现了，记了很多次过。"不过吴晗自有别人不及之处——他从小就非常喜欢读书，尤其爱读历史著作，加上他天资聪慧，记忆力也非常好，让他的国文和历史成绩非常优秀，因此"才没有被开除"。

中学毕业后，吴家家境不复往日的殷实，无力承担他继续深造的费用，他只好在家乡谋得一份小学教员的工作来糊口。不过是金子总会发光，沉寂不久，他便通过自己的努力以及朋友的帮助，先后得到胡适、顾颉刚等学者的赏识，最终来到清华大学学习历史，专攻明史，他的治学之路也就此展开。

天才加上勤奋，使吴晗的治学之路走得很顺畅，他最终成为著名的历史学家，尤其在明史研究方面取得了丰硕的成果，是中国近现代明史研究的开拓者和奠基者之一。早在求学期间，他便发表了令当时史学界颇为青睐的《胡应麟年谱》《胡惟庸党案考》《〈金瓶梅〉的著作时代及其社会背景》《明代之农民》等著述。而倾尽他几十年心血、数易其稿的《朱元璋传》更是研究明史的专家、学者，乃至历史爱好者必读的著作，这本书更是与梁启超的《李鸿章传》、林语堂的《苏东坡传》和朱东润的《张居正大传》一起，被称为20世纪华语世界传记文学的四大巅峰之作。

除了在历史研究的本职工作上取得了辉煌的成就之外，吴晗在杂文的写作上也成绩斐然。吴晗的杂文语言博雅，文字质朴，题材广泛，有的直指时弊，有的授人以渔，还有的谈古论今……这其中的多数作品虽是针砭彼时之弊端，就当时之事而论，但今天读来仍能读出一位大学问家那至真至纯、忧国恤民的胸怀。

斯人已逝，在缅怀故去之人的同时，我们还可以继承和发扬他的精神，学习他的智慧。为此，我们选取吴晗先生最具代表性的历史著述和杂文，汇集成《吴晗经典作品集》，读者若能以此窥得吴晗先生学问及精神之一隅，便是对吴晗先生最大的怀念。

/目录/

古人读书不易

古代人读书很不容易，因为在印刷术和纸没有发明之前，一般人是读不起书的。第一，书很贵重，得用手抄写在竹简或者木牍上，一片竹简、木牍写不了多少字，几部书就装满了好几车子，有人说“学富五车”，说的是念的书超过五部车子装的简牍，其实用今天的眼光看，五个车子的书并不怎么多。孔子念书很用功，“韦编三绝”，韦是皮带子，竹简、木牍用皮带子拴起来，才不致于乱。这种书是用绳子编起来的，所以叫做编。读得多了，把皮带都翻断了三次，是形容他老人家非常用功，对一部书反复阅读，熟读精读的意思。一句话，这样贵重的书，普通人是读不起的。后来人们把书写在帛上，卷成一卷一卷的，所以一部书又分作若干卷。帛也很贵，只有有钱的人才抄得起。到了纸发明了，虽然便宜些，但是还得手抄，抄一部书很费事，抄很多部书就更麻烦了，一般人还是抄不起。用纸写的书，可以装订成册，所以书又有册的名称。第二，有了书，还得有人教，古代学校很少，而且也只有贵族官僚子弟才能上学。虽然有些私人讲学的，但也要交学费（束脩），交不起的人还是上不了学。第三，因为书贵，书少，一个学校的学生就不可能人人都有书，只能凭老师口授，自己笔记，这样，学习的时间就要长一些，靠劳动才能生活的人们，读书便更不容易了。

总之，由于物质条件的限制，古代人读书，尤其要读很多书是很困难的。也正因为这样，读书也有阶级的限制，贵族官僚子弟读书容易，平民子弟读书困难，知识被垄断了，士排列在农、工、商之前，就是这个道理。

到了印刷术发明以后，书籍成为商品，可以在书店里买到了，但是，还是有限制，穷人买不起书，更买不起很多书。穷人要读书，得想法借，得自己抄，还是很困难。例如十四世纪时，书已经成万部地印出来了，各大城市都有书肆，但是穷人要读书，还是非常艰苦。明初有名的学者宋濂，写了一篇《送东阳马生序》，讲他自己读书的艰苦情况说：

我小的时候，就喜欢研究学问，家里穷，弄不到书，只好到有书的人家借，亲自抄写，约定日子还。大冷天，砚都结冰了，手指冻得弯不过来，还是赶着抄，抄完了送回去，不敢错过日子。因为这样，人家才肯借书给我，也才能读很多书。

到成年了，越发想多读书，可是没有好老师，只好赶到百多里外，找有名望的老先生请教。老先生名气大，学生弟子挤满一屋子，很讲派头。我站在旁边请教，弓着身子，侧着耳朵，听他教诲。碰到他发脾气，我越发恭谨，不敢说一句话，等他高兴了，又再请教。以此，我虽然不很聪明，到底还学了一些知识。

当我去求师的时候，背着行李，走过深山巨谷，冬天大风大雪，雪深到几尺，脚皮都裂了也不知道，到了客栈，四肢都冻僵了，人家给喝了热水，盖了被子，半天才暖和过来。一天吃两顿，穿件破棉袍，从不羡慕别人吃得好，穿得好，也从不觉得自己寒伧。因为求得知识是最快乐的事情，别的便不理会了。

宋濂是在这样艰苦情况之下，经过努力，攀登学问的高峰的。他在文章的后面，劝告当时的学生说：

你们现在在太学上学，国家供给伙食、衣服，不必挨饿受冻了。在大房子里念书，用不着奔走求师了。有司业、博士教你们，不会有问了不答、求而不理的事情了。要读的书都有了。不必像我那样向人借来抄写。有这样条件，还学不好，要不是天资差，就是不像我那样专心、用功。这样好条件，还学不好，是说不过去的。

这一段话，我读了很动心。今天，我们学习的条件，比宋濂所劝告的那些学生的时代，不知道要好多少倍，要是不努力，学不好。我看，也是说不过去的。

谈读书

题目好像很奇怪，只要认识三五千汉字，便可读所有用汉字印刷的书了，书人人会读，何必谈？

然而问题并不如此简单，能读书是一回事，善于读书又是一回事，并不是所有认得若干汉字的人都善于读书，能和善，相差只是一个字，实际距离却不可以道里计，问题就在这里。

经常有些青年人，也有些中年人，其中有学生、教师，也有编辑工作者等等，他们提出问题，怎样做才能读好书，做好学术研究工作？特别是当前各个高等学校学生都在奋发读书的气氛中，这个问题也就显得很突出了。

要具体地谈各个学科，各个年级的学生该读什么书，或者研究什么题目，该读什么书，这是各个教研组和研究导师所应该答复的。这里只能谈一点基本的经验。

首先是方法问题，用老话说，有两种不同的方法，一种是寻章摘句式的，读得很细心，钻研每一段，以至每一句，甚至为了一个字，有的经师写了多少万字的研究论文。其缺点是见树木而不见森林，拣了芝麻、绿豆却丢了西瓜，对所读书的主要观点、思想却忽略了。另一种是观其大意，不求甚解式的，这种人读书抓住了书里的主要东西，吸收了并丰富、提高了自己，但是不去作寻章摘句的工作。明朝人曾经对这两种方法作了很好的譬喻，说前一种人拥有一屋子散钱，却缺少一根绳子把钱拴起来。后一种呢，却正好相反，只有一根绳子，缺少拴的钱。用现代的话说，这根绳子就是一条红线。这两种方法都有所偏，正确的方法是把两种统一起来，对个别的关键性的章节、词句要深入钻研，同时也必须领会书的大意，也就是主要的观点、立场，既要有数量极多的钱，也要有一条色彩鲜明的绳子。

在学习理论的时候，还必须联系实际，才能学得深，学得透。

其次是先后问题，先读什么，后读什么。是先读基础的书呢，还是先读专业的书呢？例如学习中国历史，是先学好中国通史，还是先学断代史或专门史呢？有不少人在这个问题上走了冤枉路，把先后次序颠倒了，不善于读书，其实道理极简单，要修一所房子，不打好基础，这房子怎么盖呢？你能把高楼大厦建筑在沙滩上吗？以此，要读好书，必须先打好基础，读好了基础书，才能在这基础上作个别问题的钻研，基础要求广，钻研则要求深，广和深也是统一的，只有广了才能深，也只有深了才要求更广。

“读书百遍，其义自见。”这话是有道理的。有的书必须多读，特别是学习古典文，那些范文最好是能够读到可以背诵的程度。除了多读之外，还得多抄，把重点、关键性的词句抄下来，时时翻阅，这样便可以记得牢靠，成为自己的东西了。多读多抄，这个二多是必须保证的。

第三是工具问题，认识了字并不等于完全了解这个那个名词的具体意义，有些专门术语随着时代的变化而具有不同的意义，并不是每一个人都容易理解的。解决的方法是善于利用工具书，也以学习历史作例，不懂得使用《辞源》、历史人名辞典、历史地名辞典、历史地图、历史年表和历史目录学，在研究历史科学的康庄大道上，也还是寸步难行的。

要多读书，用功读书，但是还得善于读书。

（原载《前线》第23期，1961年）

谈写作

小学生也要写作文，有的还写得很不错，北京出版社在过去几年选辑了几批写得较好的文章，出了几本书，很受欢迎。

把这些出版的文章，仔细研究一下，有一个共同的规律，那就是全写的是小学生生活实际中的事情。小学生生活中实际中的事情，无非包括两个方面，一个方面是学校生活：老师、同学、班上、课外活动等等，另一个方面是家庭生活，家里的人：父母、兄弟、姊妹、亲戚、朋友，扩大一点，还有同院的人、街坊、邻舍等等。超过这两个范围，要他们写外地、外国，写工业、农业（农村的小学生当然可以写一些）、商业、部队等就不行了，道理很简单，因为他们不知道，不熟悉，不了解。

写作必须写自己生活实际中的事情，而不去写那些不知道、不熟悉、不了解的事情，这是一个基本的原则，是应该为经常写作的人所理解的。

但是，可惜得很，若干年来，我们有不少作家并不懂得这样简单的道理。特别是不少解放以前就写了不少作品的人，这十几年来，生活在城市里，尽管窗明几净，图书满架，却写不出东西来，很苦恼，有的人错误地认为自己文才衰退了，有的人抱怨找不到合适的题材。其实，都不是这样。道理只有一条，他们脱离了当前火热的斗争，没有实际生活，把自己孤立起来了。

二十二年前，毛泽东同志《在延安文艺座谈会上的讲话》，已经提出了这个问题，并且解决了这个问题。他号召“……必须到群众中去，必须长期地无条件地全心全意地到工农兵群众中去，到火热的斗争中去，到唯一的最广大最丰富的源泉中去”。事实也已经证明这十几年来，出版的较好作品，都是这样一些人写的，他们不是在部队中，就是长期在农村落户的作者，或者，是长期到部队或农村体验生活，有了感性知识的作者。从来没有离开过城市的作家，不是写不出，便是写得很少，或是写得不很好。

现在，情况改变了，全国各地区的作家都响应毛泽东同志的号召，下去了，离开城市了，到火热的斗争中去了。这是一个好现象，可喜的现象。但是还必须要做到长期地而不是短期地，无条件地而不是有条件地，全心全意地而不是三心二意地，要不是这样，下去了也还是写不出好作品来。

下去了，是好事。但还有问题。问题是下去以后，要“观察、体验、研究、分析一切人，一切阶级，一切群众，一切生动的生活形式和斗争形式，一切文学和艺术的原始材料，然后才有可能进入创作过程”。用什么东西来观察、体验、研究、分析呢？社会现象是无比复杂的，有表面现象，有虚假现象，有真实现象，不把表面的、虚假的揭开，是不能得到真实的东西的。同样，发现的问题，也有重要的、主要的、次要的、无关的之分，不能恰当地作出区别，把它颠倒了，也是不行的，即使写出了东西，也不会真实，不会好。

以此，这里还有一个重要的思想武装的问题，必须有正确的立场、观点，必须重新学习毛泽东同志的著作，用以观察、体验、研究、分析事物，才能够真有所得，然后才有可能进入创作过程，写出好的作品。

写作，重要的问题在于学习，一个是在火热的斗争中学习，一个是向毛泽东同志的著作学习。

（原载《前线》第5期，1964年）

古人的业余学习

在封建社会里，学术文化是掌握在地主阶级手里的。因为只有他们才有时间，读得起书，才有钱，抄或买得起书，和请得起老师，付得出束脩。

农民、手工业者和其他的穷苦人，这样也没有，那样也没有，读不起书，更谈不到掌握学术文化。

这是封建社会阶级关系的一种表现，教育被垄断，绝大多数人民被排除在学术文化领域之外，是普遍的基本的现象。说是普遍的基本的现象，也还是有不少的例外。

历史上有不少穷困的农民、穷人，发愤图强，克服困难，顽强学习，成为著名的学者。例子很多，现在只举列入儒林传的一些人，顺便指出，正史里名列儒林传的大体是后一时代认为在某一学术领域有成就、有贡献的学者。

后汉桓荣年轻时和哥哥元卿在田里做活，一到休息时候，桓荣便打开书本，朗诵起来。哥哥笑他，白费气力讨苦吃，中什么用？后来桓荣成为学者，哥哥才叹口气说，像我们这样农民，哪能知道念书有这样好处呢！另一学者兒宽，从名儒孔安国受业，也是家里穷，只好为人佣作，带经而锄，上学以后，给同学做杂事维持生活。虞溥《江表传》记张纮居贫，躬耕稼，带经而锄，孜孜汲汲，夜以继日，至于弱冠，无不穷览。晋徐苗白天耕种，晚上念书。梁沈峻家世农夫，他发愤好学，白天黑夜，努力钻研，到困极时便拿棍子打自己，后来博通五经，尤长于三礼。孔子祛耕耘樵采时，还带着书念，一到农闲，越发努力，成为古文《尚书》学者。北齐李铉春夏务农，冬闲入学，成为当代经师。

也有的是看猪、放羊、放牛的苦孩子，经过刻苦努力，成为学者的。

著例如后汉的承宫，七岁时替人放猪，同村《春秋》学者徐子盛正在讲学，承宫每次经过，在门下偷听。主人发见了，要打承宫，徐子盛的学生出来阻止，承宫就此留在徐家，替学生们砍柴做杂活，一面学习，终于有了成就。晋朝王育替人佣工牧羊豕，住的地方靠近学堂，他便趁空捡些柴火，卖了钱请人抄书，晚上用蒲叶学写字，终于博通经史。前燕张怖也靠牧牛过活，他和王育一样。捡柴请人抄书，在树叶上写字，成为学者的。

他们解决生活和学习的矛盾的方法，是边劳动，边学习，没有书，便自己抄，如梁朝袁峻家里穷，买不起书，便向人借书，自己抄写，每天抄五十张纸，不抄完不休息。任孝恭向人借了书，每读一遍，讽诵略无所遗。《三国演义》里诸葛亮舌战群儒，对手之一的阚泽，是替人抄书出身的，他抄了一遍，便记得了。

上面所举的只是极少数的几个例子。由此看来，在历史上，尽管封建地主阶级包办了学术文化，但是学术文化却不尽出于封建地主阶级，穷苦农民和牧猪牧羊的孩子只要有坚定的决心，持久的毅力，不懈的学习，是可以克服一切困难，攀登当时学术的高峰的。当然，这些人在成为学者以后，或者有了田地，或者做了官，阶级成分变了，那是另一回事。

克服困难，勤劳学习，这是我们祖先的优良传统，是值得发扬的。

业余学习之风，古已有之。不同的是古人只能凭个人的努力，而今天呢，有各种各样业余学习的机会，党和政府为愿意学习的人们准备了一切条件，看看我们先人的榜样，不是值得我们思之重思之吗?

（原载《前线》第19期，1961年）

谈《三字经》

《三字经》是本好书，可惜已经被冷落了几十年，没有人去理会它了。

说是好书，因为这本小书是旧时代普及知识的读物，内容涉及面非常广泛，三字一句，文字浅明，句子短容易懂，其次，每两句押韵，容易念也容易背，可以巩固记忆。因此，从这本书编纂以来，公元十三世纪后期一直到二十世纪初期，六百多年来，成为儿童启蒙的必读书，发生了深远的广泛的影响。

全书共三百七十八句，一千一百三十四字，就旧时代所有的书来说，是一部最短的书，但是内容却非常丰富，有人说是“袖里通鉴纲目”，意思是极小型的中国通史。有人说这书：“天开地辟，星斗日月，山川河海，人物草木，鸟兽昆虫，古帝昔都，贤奸邪正，无不备载。”也有人说这书：“天人性命之微，地理山水之奇，历代帝王之统绪，诸子百家著作之原由，以及古圣昔贤，由困而亨，由贱而贵，缕晰详明，了如指掌。”是一本小型百科全书，评价都是很高的。

说它是小型中国通史，因为作者用极简练的手法，把历史上王朝的兴衰更迭都说清楚了。为了介绍内容，把这一段的一部分抄录如下：

自羲农，至黄帝，号三皇，居上世。

唐有虞，号二帝，相揖逊，称盛世。

夏有禹，商有汤，周文武，称三王。

夏传子，家天下，四百载，迁夏社。

汤伐夏，国号商，六百载，至纣亡。

周武王，始诛纣，八百载，最长久。

周辙东，王纲堕，逞干戈，尚游说。

始春秋，终战国，五霸强，七雄出。

以下还有七十六句，一直讲到清太祖，一共一百零八句，三百二十四字，把整个历史，不止是把主要历史变化，朝代名号，开国帝王，统治年数等等交代了，连何时分裂，何时统一也讲清楚了。

当然，这本书是有它的立场的，封建统治阶级的立场。有它的教育目的的，巩固封建统治的目的。如教忠教孝，讲三纲、五常、十义等等，是打上了它自己的阶级烙印的。但就教育的方法说，这书主张人性本善：“苟不教，性乃迁，教之道，贵以专。”而且提出家庭教育和学校教育的关系：“养不教，父之过，教不严，师之惰。”又说：“子不学，非所宜，幼不学，老何为？玉不琢，不成器，人不学，不知义。”都是有道理的。至于属于知识性的范围，从认识数目到三才、三光、四时、四方、五行、六谷、六畜、七情、八音、九族、四书、六经、三易、春秋三传、五子和许多勤奋学习的故事，最后结论是：“蚕吐丝，蜂酿蜜，人不学，不如物！”又说：“勤有功，戏无益，戒之哉，宜勉力！”都是符合于封建社会的教育目的的。

《三字经》的作者，据公元1884年三义堂刻本《三字经注解摘要》，是南宋王应麟所著的。但查《宋史》卷四百三十八《王应麟传》，列举了王应麟所著书的所有目录，其中并没有《三字经》。有一本书叫《订讹类编》，指出王应麟在所著《困学纪闻》中，对三国时代是尊蜀抑魏的，而《三字经》的写法却是“魏蜀吴，争汉鼎”。魏蜀平列，认为《三字经》非王应麟所著。看来因为王应麟名气大，又讲究小学，著有《蒙训》、《小学绀珠》、《小学讽咏》等书，所以把《三字经》的著作也附会在他身上。真正的作者其实是宋朝末年的区适，据屈大钧《广东新语》：“宋末区适子撰《三字经》，适子广东顺德人，入元抗节不仕。”区适工于文辞，以博学多闻著称，家乡人跟他受教育的有几百人。续补的是明初的黎贞，据清人邵晋涵诗《读得黎贞三字训》自注："三字经，南海黎贞所撰。"黎贞字彦晦，明初新会人，洪武初署本邑训导，以事被诬，戍辽阳十八年，从游者甚众。放还卒。有《秫坡诗稿》。到清朝又经过几次补订，这便是书中元朝以后一段历史的来历。

从《三字经》的写作历史看来，从宋末到清朝，教育工作者是很重视知识的普及工作的。写作和续补的都是在地方讲学的学者。从受教育者方面来看，也是极为重视这本书的，因为没有例外，凡是在这七百年中初受教育的儿童，都读过这本书。可不可以由此得出结论，这份遗产值得批判地继承呢？譬如学习《三字经》的写作方法，用通俗流利、明白易晓的文字，用韵文，不一定拘于三字，五字、七字也可，写出我们这个时代的农业七字经、工业七字经、基础知识七字经或五字经等等，来对广大人民进行社会主义建设和共产主义道德的教育呢？我看不但可以，而且是必要的，可能的。当然，还必须附上必要的精美的插图，做到图文并茂，读起来音调铿锵。普及知识的方法要多样化，就算这是其中的一种吧！希望教育工作者们、作家们，和各方面的专家们，能够花点时间，踊跃地参加这个工作，把知识普及给人民的具有伟大意义的工作。

（原载《前线》第1期，1962年）

《山海经》中的古代故事及其系统

中国古代传说中的人物，见于《山海经》中的有以下这些：

大皞，少昊，黄帝，帝喾，帝尧，帝俊，帝舜，帝丹朱，禹，夏后启（夏后开），共工，相柳，鲧，夸父，常羲，娥皇，叔均，重黎，祝融，王亥，登比，羲和，稷，颛顼，炎帝，老童，伯夷，后土，雷祖，昌意，奚仲，等等。

现在试把各人的故事，归纳起来，成为一个具体的系统。

一、黄帝

a.其中多白玉，是有玉膏，其原沸沸汤汤，黄帝是食是飨，是生玄玉，玉膏所出，以灌丹木，丹木五岁，五色乃清，五味乃馨，黄帝乃取峚山之玉荣，而投之钟山之阳。——《西山经》

b.西北海之外，赤水之西，有先民之国，食谷使四鸟。有北狄之国，黄帝之孙曰始均，始均生北狄。——《大荒西经》

c.大荒之中，有山名曰融父山，顺水入焉。有人名曰犬戎，黄帝生苗龙，苗龙生融吾，融吾生弄明，弄明生白犬，白犬有牝牡，是为犬戎，肉食，有赤兽。——《大荒北经》

d.黄帝妻雷祖生昌意，昌意降处若水，生韩流。韩流擢首谨耳，人面豕喙，麟身渠股，豚止，取淖子曰阿女，生帝颛顼。——《海内经》

e.东海之渚中有神人面鸟身，珥两黄蛇，践两黄蛇，名曰禺虢。黄帝生禺虢，禺虢生禺京[①]，禺京处北海，禺虢处东海，是惟海神。——《大荒

①禺京即禺疆，古代京疆音同。《海外北经》；“北方禺疆人面鸟身。珥两青蛇，践两青蛇。”正与禺虢形状丝毫无异。

东经》

f.黄帝生骆明，骆明生白马，白马是为鲧。——《海内经》

g.有人衣青衣名曰黄帝女魃，蚩尤作兵伐黄帝，黄帝乃令应龙攻之冀州之野，应龙畜水，蚩尤请风伯雨师纵大风雨，黄帝乃下天女曰魃，雨止，遂杀蚩尤，魃不得复上，所居不雨。叔均言之帝，后置之赤水之北，叔均乃为田祖，魃时亡之，所欲逐之者令曰神北行，先除水道，决通沟渎。——《大荒北经》

黄帝是一个神，他所飨所食的是玉膏丹木，他也有妻有子有孙。他的子孙有的是海神，有的是国王，有的是类似人的畜类，他曾与蚩尤战，部将是一条应龙和一位天上降下来的女神魃。

把黄帝的家系排列成表如下：

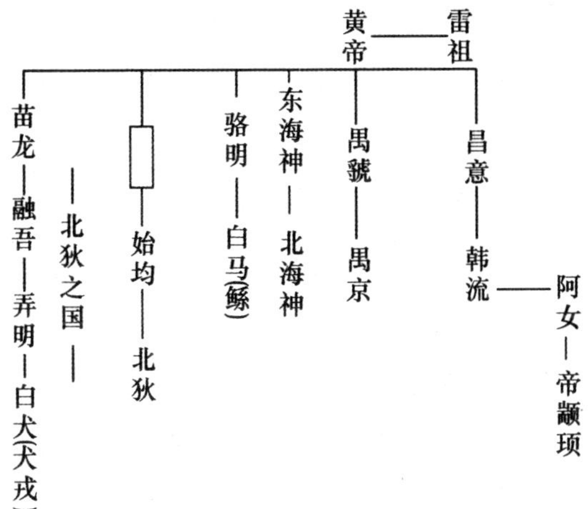

二、颛项

a.有国曰颛项生伯服，食黍，有鼬姓之国。——《大荒南经》

b.有国名曰淑士，颛项之子。——《大荒西经》

c.有榣山。其上有人号曰太子长琴。颛顼生老童[①]，老童生祝融[②]，祝融生太子长琴，是处榣山，始作乐风。——《大荒西经》

d.颛顼生老童，老童生重及黎，帝令重献上天，黎邛下地，下地是生噎，处于西极，以行日月星辰之行次。——《大荒西经》

e.大荒之中，有山名大荒之山。日月所入，有人焉三面，是颛顼之子，三面一臂，三面之人不死，是谓大荒之野。——《大荒西经》

f.有叔歜国，颛顼之子，黍食使四鸟。——《大荒北经》

g.西北海外，流沙之东，有国名中𬒳，颛顼之子，食黍。——《大荒北经》

h.西北海外，黑水之北，有人有翼，名曰苗民。颛顼生驩头，驩头生苗民，苗民釐姓，食肉。——《大荒北经》

i.又有成山，甘水穷焉。有季禺之国，颛顼之子，食黍。——《大荒南经》

j.有鱼偏枯名曰鱼妇，颛顼死即复苏，风道北来，天乃大水泉，蛇乃化为鱼，是为鱼妇，颛顼死即复苏。——《大荒西经》

k.有池名孟翼之攻颛顼之池。——《大荒西经》

l.东北海之外，大荒之中，河水之间，附禺之山，帝颛顼与九嫔葬焉。丘西有沉渊，颛顼所浴。——《大荒北经》

m.务隅之山，颛顼葬于阳，九嫔葬于阴。——《海外北经》

n.汉水出鲋鱼之山，帝颛顼葬于阳，九嫔葬于阴，四蛇卫之。——《海内东经》

以上我们看不出颛顼有什么事迹，只是他的儿子很多。据j拿颛顼与鱼妇并列，“颛顼死即复苏”，似乎颛顼是一个水族动物。lmn三条中之九嫔，处处与颛顼并列，当是颛顼的妻子，也许是九个妃嫔？也许是一人

---

①老童即耆童，（西山经）：“又西一百九十里曰騩山，其上多玉而无石，神耆童居之，其音常如钟磬，其下多积蛇。”

②祝融有二，一为炎帝之后，另见《海外南经》：“南方祝融兽身人面乘两龙。”

而名叫九嫔？葬地一会儿在东北海之外，一会儿在汉水，可见《山海经》的作者决不止一人，也决不是在同一时代内所完成的作品。三篇中“附禺”、“务隅”、“鲋鱼”，均同音，又皆以颛顼与九嫔，阴与阳对举，可见这三篇的作者虽不同，来源却是同一的。

把颛顼家系列表如下：

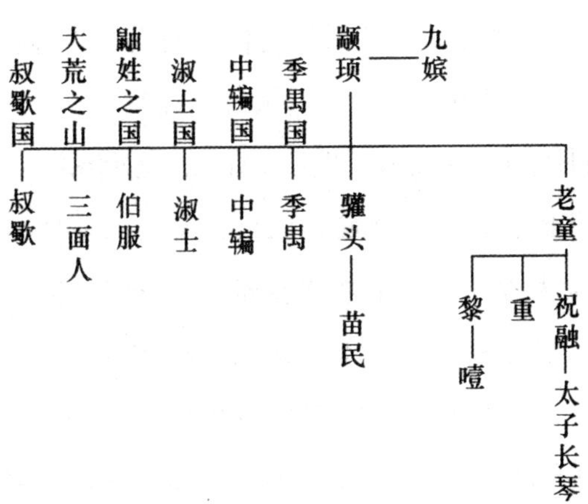

三、帝俊

帝俊即帝舜，俊龟甲文作夋，《山海经》中帝舜与帝俊杂用，俊与舜同音，据

1.《大荒南经》：“大荒之中有不庭之山，荣水穷焉，有人三身，帝俊妻娥皇生此三身之国，姚姓……南旁名曰从渊，舜之所浴也。”

上文称帝俊而下文称舜。

2.《大荒南经》：“有苍梧之野，舜与叔均所葬也。”

《大荒西经》：“帝俊生后稷……后稷之弟曰台玺生叔均。”

可知帝俊之与帝舜之同为一人，毫无疑义。

帝俊的事迹可汇举如下：

A.帝俊的妻女

a.舜妻登比氏生宵明烛光，处河大泽，二女之灵，能照此所方百里，一曰登北氏。——《海内北经》

b.大荒之中，有不庭之山，荣水穷焉。有人三身，帝俊妻娥皇生此三身之国，姚姓，黍食，使四鸟，有渊四方，四隅皆达，北属黑水，南属大荒，北旁名曰少和之渊，南旁名曰从渊，舜之所浴也。——《大荒南经》

c.东南海之外，甘水之间，有羲和之国，有女子名曰羲和，方日浴于甘渊，羲和者帝俊之妻，生十日。——《大荒南经》

d.有女子方浴月，帝俊妻常羲，生月十有二，此始浴之。——《大荒西经》

登比氏或登北氏，羲和，常羲，娥皇，看去似乎是不同的四个人，其实只是两个人。《大荒西经》中之常羲即《大荒南经》中之羲和，此观二篇所举“方浴日”情事相同，常羲与羲和之羲字相同可知，由常羲衍为羲和。由羲和复衍为《大荒南经》之娥皇。和娥同音，古人名原无定字，由古老传说及地方神话再间接成为文字的记载，每每容易将一名衍为数名，或数名合成一人。此地帝俊的妻子，在数量上实在只有登比氏和常羲二人。

B.帝俊的子孙

a.帝俊生禺号，禺号生淫梁，淫梁生番禺，是始为丹，番禺生奚仲，奚仲生吉光，吉光是始以木为车。——《海内经》

b.帝俊生晏龙，晏龙是为琴瑟。帝俊有子八人，是始为歌舞。帝俊生三身，三身生义均，义均是始为巧倕。[①]是始作下民百巧，后稷是播百谷，稷之孙曰叔均，是始作牛耕，大比赤阴，是始为国，禹鲧是始布土，均定九州。——《海内经》

c.大荒之中有山名曰合虚，日月所出，有中容之国。帝俊生中容，中容人食兽木实，使四鸟，豹虎熊罴。——《大荒东经》

d.东荒之中，有山名曰壑明俊疾，日月所出，有中容之国。——《大荒

①《海内经》：“又有不距之山，巧倕葬其西。”

东经》

e.有司幽之国，帝俊生晏龙，晏龙生司幽，司幽生思士，不妻，思女不夫，食黍食兽，是使四鸟。——《大荒东经》

f.有白民之国，帝俊生帝鸿，帝鸿生白民，白民销姓，黍食，使四鸟，虎豹熊罴。——《大荒东经》

g.有黑齿之国，帝俊生黑齿，姜姓，黍食，使四鸟。——《大荒东经》

h.有困民国，勾姓，而食，有人曰王亥，两食操鸟，方食其头。王亥托于有易河伯仆牛，有易杀王亥取仆牛，河念有易，有易潜出，为国于兽方食之，名曰摇民；帝舜生戏，戏生摇民。——《大荒东经》

i.有襄山，又有重阴之山，有人食兽曰季釐，帝俊生季釐，故曰季釐之国。——《大荒甫经》

j.有载民之国，帝舜生无淫，无淫降载处，是谓巫载民，巫载民盼姓，食谷，不绩不经服也，不稼不穑食也，爰有歌舞之鸟。鸾鸟自歌，凤鸟自舞，爰有百兽，相群爰处，百谷所聚。——《大荒南经》

k.有西周之国，姬姓，食谷，有人方耕名曰叔均。帝俊生后稷，稷降以百谷，稷之弟曰台玺，生叔均，叔均是代其父及稷播百谷[①]，始作耕，有赤国，妻氏有双山。——《大荒西经》

C.葬地及其他

a.兕在舜葬东，湘水南，其状如牛，苍黑一角。——《海内南经》

b.苍梧之山，帝舜葬于阳，帝丹朱葬于阴。——《海内南经》

c.氾林三百里，在狌狌东。狌狌知人名，其为兽如豕而人面，在舜葬西。——《海内南经》

d.湘水出舜葬东南陬，西环之入洞庭下，一曰东南西泽。——《海内东经》

e.有阿山者，南海之中，有氾天之山，赤水穷焉。赤水之东有苍梧之

①《大荒北经》：“叔均乃为田祖。”

野，舜与叔均之所葬也。爰有文贝离俞鸱久鹰贾委维熊罴象虎豹狼视肉，有荣山，荣水出焉，黑水之南，有玄蛇食麈。——《大荒南经》

f.南方苍梧之丘，苍梧之渊，其中有九嶷山，舜之所葬在长沙零陵界中。——《海内经》

g.有五采之鸟，相乡弃沙，惟帝俊下友，帝下两坛，采鸟是司。——《大荒东经》

h.有缗渊……有水四方，名曰俊坛。——《大荒南经》

i.丘方圆三百里，丘南帝俊竹林在焉。——《大荒北经》

以上be两条是冲突的。b说帝舜与帝丹朱同葬，e说与叔均同葬，这可见这两篇的作者的各不相谋，而决不是出于同一人的手笔。f条竟说到九嶷山、长沙、零陵这些周秦以后的地方名辞，使我们知道至少这一篇《海内经》是成于战国或竟至汉初人之手。g条说帝俊下友五采之鸟，似乎帝俊的本身有羽族之可能。

以下把帝俊的家系列成一表：

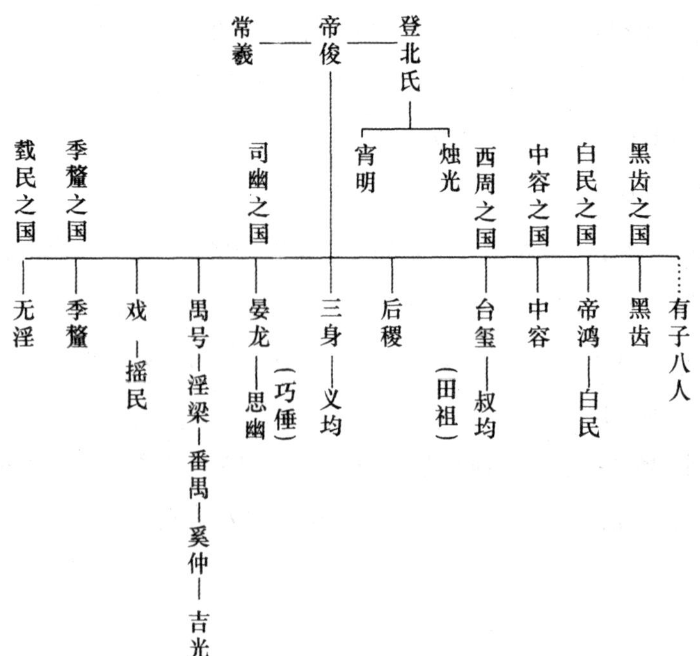

四、大皞

a.有木青叶紫茎，玄华黄实，名曰建木，百仞无枝，有九欘，下有九枸，其实如麻，其叶如芒，大皞爰过，黄帝所为，有窫窳龙首食人。——《海内经》

b.西南有巴国，大皞生咸鸟，咸鸟生乘釐，乘釐生后照，后照是始为巴人。——《海内经》

五、少皞

a.又西二百里曰长留之山，其神白帝少昊居之。其兽皆文尾，其鸟皆文首，是多文玉石，实惟员神磈氏之宫，是神也，主司反景。——《西山经》

b.有缗渊，少昊生倍伐，倍伐降处缗渊。——《大荒南经》

c.有人一目当面中生，一曰是威姓，少昊之子，食黍。——《大荒北经》

d.东海之外大壑，少昊之国，少昊孺帝颛顼于此，弃此琴瑟。——《大荒东经》

e.少昊生般，般是始为弓矢。——《海内经》

《西山经》说白帝少昊居长留之山，《大荒东经》又有少昊之国。所谓五方五行五气五帝等等谶纬之说，起自战国末期，到秦汉而大盛，我们很可以下一个假设，说《西山经》是这一个时期中的作品。

据d少昊对于颛顼有师保的关系。

少皞的家系，可作表如下：

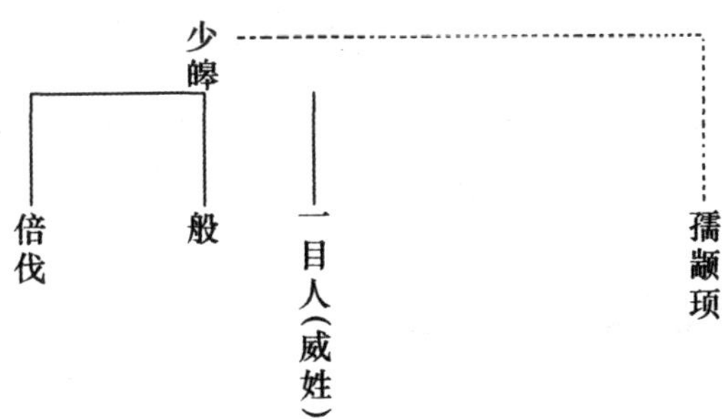

六、炎帝

a.炎帝之孙伯陵，伯陵同吴权之妻阿女缘妇，缘妇孕三年，是生鼓、延、殳，始为侯。鼓、延是始为钟，为乐风。——《海内经》

b.炎帝之妻赤水之子听訞生炎居，炎居生节并，节并生戏器，戏器生祝融，祝融降处于江水，生共工，（一）共工生术器，术器首方颠……共工生后土，（二）后土生噎鸣，噎鸣生岁十有二。——《海内经》

c.有互人之国，炎帝之孙名曰灵恝，灵恝生互人，是能上下于天。——《大荒西经》

d.又北二百里曰发鸠之山，其上多柘木，有鸟焉，其状如乌，文首白喙赤足，名曰精卫，其名自詨。是炎帝之少女名曰女娃，女娃游于东海，溺而不返，故为精卫，常衔西山之木石，以堙于东海。——《北山经》

（一）共工之臣名曰相繇，九首蛇身自环，食于九土，其所歍所尼，即为源泽，不辛乃苦，百兽莫能处。禹堙洪水，杀相繇，其血腥臭，不可生谷，其地多水，不可居也，禹堙之，三仞三沮，乃以为池，群帝因是以为台，在昆仑之北。——《大荒北经》

有系昆之山者有共工之台，射者不敢北向。——同上

共工之臣曰相柳氏，九首以食于九山。相柳之所抵，厥为泽溪，禹杀相柳，其血腥不可以树五谷种，禹厥之，三仞三沮，乃以为众帝之台，在昆仑之北，柔利之东。相柳者九首人面蛇身而青，不敢北射，畏共工之台。——《海外北经》

（二）大荒之中，有山名曰成都载天。有人珥两黄蛇，把两黄蛇，名曰夸父。[①]后土生信，信生夸父，夸父不量力，欲追日景，逮之于禺谷，将饮河而不足也。将走大泽，未至死于此。——《大荒北经》

---

①夸父有两，一为应龙所杀。《大荒北经》：“应龙已杀蚩尤，又杀夸父，乃去南方处之。故南方多雨。”

关于夸父，有下列这些传说：

a.夸父与日逐走入日，渴欲得饮，饮于河渭，河渭不足，北饮大泽，未至道渴而死，弃其杖化为邓林。——《海外北经》

b.又西九十里曰夸父之山……其北有林焉，名曰邓林。——《中山经》

c.其兽焉其状如夸父而彘毛。——《东山经》

逐日同饮于河渭，这不过是古代人对于大自然的神秘所生出的一种幻想。c条有兽状如夸父而彘毛，不说夸父状如兽，而说兽状如夸父，这可见夸父不但是一位非人的畜类，而且是被用为兽类中的标准典型。

共工的臣子相繇是九首蛇身的，那共工的形状至少也不如普通人一样的圆颅方踵。后土的孙子夸父是一位高等畜类。炎帝的女儿死后变鸟。曾孙互人，能够上下于天。由这事实推上去，按照进化的公例，炎帝之为一种原始的低能动物，实为不可否认的事实。

炎帝的家系，可排列成表如下：

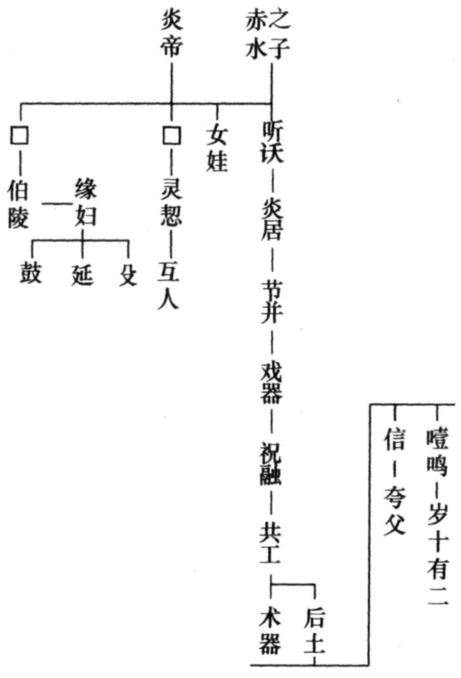

七、鲧与禹

a.禹鲧是始布土，均定九州。——《海内经》

b.洪水滔天，鲧窃帝之息壤，以堙洪水，不待帝命，帝令祝融杀鲧于羽郊。鲧复生禹，帝乃命禹布土以定九州。——《海内经》

c.有榆山，有鲧攻程州之山。——《大荒北经》

d.又东十里曰青要之山，实纵帝之密都，是多驾鸟，南望墠堵，禹父之所化，是多仆垒蒲卢，魌武罗司之。——《中山经》

e.大荒之中，有人名曰驩头。鲧妻士敬，士敬子曰炎融，生驩头，驩头人面鸟喙，有翼，食海中鱼，杖翼而行，维宜芑苣穋杨是食，有驩头之国。——《大荒南经》

f.有毛民之国，依姓，食黍，使四鸟。禹生均国，均国生役采，役采生修鞈，修鞈杀绰人，帝念之潜为之国，是此毛民。——《大荒北经》

g.禹所积石之山在其东，河水所入。——《海外北经》

h.禹堙洪水，杀相繇。其血腥臭不可生谷，其地多水，不可居也。禹堙之，三仞三沮，乃以为池，群帝因是以为台，在昆仑之北。——《大荒北经》

i.禹杀相柳，其血腥不可以树五谷种，禹厥之，三仞三沮乃以为众帝之台，在昆仑之北，柔利之东。——《海外北经》

j.水西有湿山，东有幕山，有禹攻共工国山。——《大荒西经》

k.大荒之中，有山名曰先槛大逢之山，河济所入，海北注焉。其西有山，名曰禹所积石。——《大荒北经》

l.一曰禹令竖亥步自东极于至西极。——《海外东经》

把以上的事迹，简括的总计一下：

（1）禹为鲧子。鲧偷了帝的息壤来堙洪水，这举动事先没有得帝的许可，帝就差祝融把他杀于羽郊，后来化为异物，鲧死以后，帝才命禹布土，定九州。

（2）禹、鲧同受命布土定九州。

（3）鲧曾攻程州。

（4）禹曾攻共工。

（5）禹堙洪水，杀相繇（相柳）。

（6）禹令竖亥步东西极。

鲧、禹的家系，可列表如下：

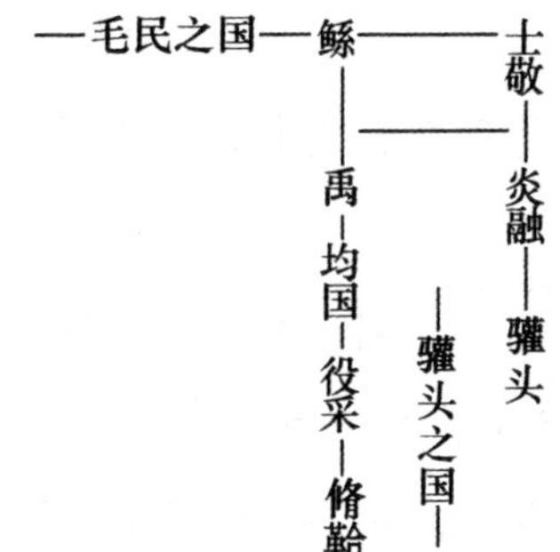

八、夏后启

a.西南海之外，赤水之南，流沙之西，有人珥两青蛇，乘两龙，名曰夏后开。开上三嫔于天，得九辩与九歌以下此天穆之野，高二千仞，开焉得始歌九招。——《大荒西经》

b.大乐之野，夏后启于此舞九代，乘两龙，云盖三层，左手操翳，右手操环，佩玉璜，在大运山北，一曰大遗之野。——《海外西经》

c.三身国在夏后启北，一首而三身。——同上

d.夏后启之臣曰孟涂，是司神于巴人，请讼于孟涂之所，其衣有血者乃执之，是请生，居山上，在丹山西。——《海内南经》

夏后启的形状与动作的描写，已经很清楚地告诉我们他是一个神，这右手操环，左手操翳，珥两青蛇，乘两龙的叙述，很可以拿来形容佛教

寺宇内第一道门所位置的四大金刚，或是四大天王，《封神榜》中的魔家四将。这四大天王中有拿伞（翳）的，有拿蛇的，有拿环的。这两者的关系，或是由夏后启而衍为四大天王，或由佛教而影响及夏后启或《海外西经》的作者，都是可能的。

夏后启既然是一个神，当然他的臣子孟涂，也可司神于巴人了。

九、伯夷及南岳

伯夷父生西岳，西岳生先龙，先龙是始生氐羌，氐羌乞姓。——《海内经》

有寿麻之国，南岳娶州山女名曰女虔。女虔生季格，季格生寿麻，寿麻正立无景，疾呼无响，爰有大暑，不可以往。——《大荒西经》

伯夷父是西方民族氐羌的祖先，南岳是南方热带国家或民族的祖先。

十、羿的故事

a.有人曰凿齿，羿杀之。——《大荒南经》

b.昆仑虚在其东，虚四方，一曰在岐舌东，为虚四方，羿与凿齿战于寿华之野，羿射杀之，在昆仑虚东。羿持弓矢，凿齿持盾，一曰戈。——《海外南经》

c.帝俊赐羿彤弓素矰，以扶下国，羿于是始去恤下地之百艰。——《海内经》

羿用矢射杀凿齿于寿华之野，帝俊赐他彤弓素矰，以扶下国。据c条看，羿的地位似乎和春秋时代的齐桓晋文相仿，或稍过之。

十一、稷

a.帝俊生后稷，稷降以百谷。稷之弟曰台玺，生叔均。叔均是代其父及稷播百谷，始作耕。——《大荒西经》

b.帝俊生晏龙……后稷是播百谷，稷之孙曰叔均，始作牛耕。——《海内经》

c.南望昆仑，其光熊熊，其气魂魂。西望大泽，后稷所潜也；其中多玉，其阴多摇木之有若，北望诸毗，槐鬼离仑居之。鹰鹯之所宅也，东望恒山四成，有穷鬼居之，各在一搏。——《西山经》

d.又西北四百二十里曰峚土，其上多丹木，员叶而赤茎，黄华而赤实，其味如饴，食之不饥，丹水出焉，西流注于稷泽。——《西山经》

e.又西三百七十里曰乐游之山，桃水出焉，西流注于稷泽。——《西山经》

f.后稷之葬，山水环之，在氐国西。——《海内西经》

g.流黄酆氏之国中方三百里，有涂四方，中有山，在后稷葬西。——《海内西经》

h.西南黑水之间，有都广之野，后稷葬焉。爰有膏菽膏稻膏黍膏稷，百谷自生，冬夏播琴，鸾鸟自歌，凤鸟自舞，灵寿实华，草木所聚，爰有百兽，相群爰处，此草也，冬夏不死。——《海内经》

后稷台玺叔均父子叔侄三人，世为田祖，真可称为农家！据《大荒北经》，叔均上获事黄帝，下及方耕西周，这也是个滑稽的事情。

据c后稷潜于大泽，拿来和他对举的是槐鬼离仑，鹰鹯，穷鬼。则后稷之本身或为一巨大之水族动物，或近于鬼神的非生物?

十二、帝，女娲，尧与汤及其他

a.帝　又东二百里曰姑媱之山，帝女死焉，其名曰女尸，化为䔄草，其

叶胥成，其华黄，其实如菟丘，服之媚于人。——《中山经》

又西北四百二十里曰钟山，其子曰鼓，其状如人面而龙身。是与钦䲹杀葆江于昆仑之阳，帝乃戮之钟山之东曰峄崖。钦䲹化为大鹗，其状如鹏而黑文白首，赤喙而虎爪，其音如晨鹄，见则有大兵。鼓亦化为鵕鸟，其状如鸱，赤足而直喙，黄文而白首，其音如鹄，见则其邑大旱。——《西山经》

帝令竖亥步，自东极至于西极，五亿十选九千八百步，竖亥右手把算，左手指青丘北。——《海外东经》

贰负之臣曰危，危与贰负杀窫窳，帝乃梏之疏属之山，桎其右足，反缚两手与发，系之山上木，在开题西北。——《海内西经》

刑天与帝至此争神，帝断其首，葬之常羊之山。乃以乳为目，以脐为口，操干戚以舞。——《海外西经》

以上五篇中所举的光杆儿的帝，很难知道这帝究竟是谁？据《西山经》和《海内西经》所载，这帝爱管闲事，并且尽有权力去处理他所爱管的闲事，合著《海外西经》刑天和他老人家争神的神话，很明显地使我们能够肯定这帝是上帝，是原始人所崇拜的万能的天帝。

b.女娲　有神十人名曰女娲之肠，化为神，处栗广之野，横道而处。——《大荒西经》

c.尧　帝尧台帝喾台帝丹朱台帝舜台，各二台，台四方，在昆仑东北。——《海内北经》

帝尧帝喾帝舜葬于岳山。爰有文贝离俞鸱久鹰延维视肉熊罴虎豹朱木赤枝青华玄实。——《大荒南经》

狄山帝尧葬于阳，帝喾葬于阴，爰有熊罴文虎蜼豹离朱视肉吁咽文王皆葬其所。一曰汤山，一曰爰有熊罴文虎蜼豹离朱鸱久视肉虖交，其范林方三百里。——《海外南经》

蹉丘爰有遗玉，青马视肉杨柳甘柤甘华百果所生，在东海，两山夹

丘，上有树木，一曰嗟丘，一曰百果所在，在尧葬东。——《海外东经》

帝舜在《大荒南经》中又多了一个葬的地方。此地帝尧帝丹朱帝喾三位古帝，除了葬地和纪念物以外，丝毫没有什么事迹告诉我们，可见这三位在《山海经》中的地位是无关重要的，也许还是东西汉间一班专门作假的学者如刘向辈所故意羼入，来证明尧的存在性？如就本文而论，《大荒南经》和《海外南经》所说同伴的或同葬的都是一些扁毛四足的飞禽走兽，物以类推，帝尧帝喾的本来形相是什么？我想也毋庸多事，把它说明了。

d.汤有人无首操戈盾立，名曰夏耕之尸，故成汤伐夏桀于章山，克之，斩耕厥前，耕既立无首，走厥咎，乃降于巫山。——《大荒西经》

十三、蚩尤，昆吾，穷奇，夔，窫窳及其他

a.蚩尤　蚩尤作兵伐黄帝，黄帝乃令应龙攻之冀州之野，应龙畜水，蚩尤请风伯雨师纵大风雨，黄帝乃下天女曰魃，雨止，遂杀蚩尤。——《大荒北经》

大荒东北隅中，有山名曰凶犁土丘，应龙处南极杀蚩尤与夸父，不得复上，故下数旱，旱而为应龙之状，乃得大雨。——《大荒东经》

b.昆吾　大荒之中有龙山，日月所入，有三泽水名曰三淖，昆吾之所食也。——《大荒西经》

白水出焉，而生白渊，昆吾之师所浴也。——《大荒南经》

c.穷奇　穷奇状如虎有翼，食人从首始，所食被发。——《海内北经》

又西二百六十里曰邽山，其上有兽焉，其状如牛猬毛，名曰穷奇，音如獆犬，是食人。——《西山经》

d.夔　东海中有流波山，入海七千里。其上有兽状如牛，苍身而无角，一足出入水则必风雨，其光如日月，其声如雷，其名曰夔；黄帝得之，以

其皮为鼓，橛以雷兽之骨，声闻五百里，以威天下。——《大荒东经》

e.窫窳　又北二百里曰少咸之山，无草木，多青碧。有兽焉，其状如牛而赤身人面马足，名曰窫窳。其音如婴儿，是食人。——《北山经》

窫窳龙首，居弱水中，在狌狌知人名之西，其状如龙首，食人。——《海内南经》

窫窳者蛇身人面，贰负臣所杀也。——《海内西经》

贰负之臣曰危，危与贰负杀窫窳，帝乃梏之疏属之山，桎其右足，反缚两手与发，系之山上木，在开题西北。——《海内西经》

f.帝江　有神焉，其状如黄囊，赤如丹火，六足四翼，浑敦无面目，是识歌舞，实为帝江也。——《西山经》

g.九丘　有九丘，以水络之，名曰陶唐之丘，有叔得之丘，孟盈之丘，昆吾之丘，黑白之丘，赤望之丘，参卫之丘，武夫之丘，神民之丘。——《海内经》

根据以上所录，作《山海经中古代大事表》，《山海经中古史人物表》，《山海经中古史系统表》，《山海经中诸国表》如后：

表一　《山海经中古代大事表》

黄帝——令应龙魃杀蚩尤

得夔以其皮为鼓

叔均为田祖

颛顼——孟翼之攻颛顼

太子长琴始作乐风

帝俊——番禺始为舟

吉光始为车

晏龙始为琴瑟

有子八人始为歌舞

义均始为巧倕

后稷始播百谷

叔均始作牛耕

禹鲧是始播土，均定九州

少昊——孺帝颛顼少昊之国

般始为弓矢

炎帝——鼓延是始为钟，为乐风

鲧——鲧攻程州

窃帝之息壤以堙洪水，帝令祝融杀之于羽郊，化为异物。

禹——禹攻共工

帝令禹布土定九州

令竖亥步东西极。

杀相繇（相柳），堙洪水。

夏后启——得九辩与九歌，始歌九招，舞九代。

羿——杀凿齿于寿华之野

帝俊赐羿彤弓素矰，以扶下国。

帝——帝令重献上天，黎邛下地

戮鼓与钦䲹于峫崖

断刑天首

令祝融杀鲧于羽郊

令禹布土定九州

令竖亥步东西极

梏窫窳于疏属之山

脩鞈杀绰人，帝念之潜为之国，是此毛民。

危，贰负——杀窫窳

汤——伐桀

表二　《山海经中古史人物表》

人名	形状	事业	分国	其他
黄帝		杀蚩尤	北狄之国 犬戎 轩辕之国 司彘之国	
韩流	擢首谨耳，人面豕喙，麟身渠股，豚止。			黄帝孙
禺虢	人面鸟身珥两黄蛇践两黄蛇	东海神		黄帝孙
禺京	人面鸟身珥两青蛇践两青蛇	北海神		禺虢子
女魃	衣青衣	止雨，杀蚩尤	赤水之上	自天下
应龙		杀蚩尤，夸父		自天下
叔均		为田祖，始作耕		帝俊孙
颛顼		与孟翼战	鼬姓之国　淑士国 敍歜国　中輣国 三面人　苗民 季禺之国	
太子长琴		始作乐风	摇山	颛顼孙
重		上天		颛顼孙
黎		下地		颛顼孙
噎		行日月星辰之行次	西极	黎子
老童（耆童）		音常如钟磬	騩山	颛顼孙
宵明烛光		二女之灵能照此方百里	处河大泽	登比氏女
娥皇	三身		三身之国	帝俊妻
羲和		方日浴于甘渊	羲和之国	帝俊妻
常羲				帝俊妻
登比氏				舜妻

续表

人名	形状	事业	分国	其他
帝俊		命羿彤弓素矰，命禹鲧是始播土定九州	中容之国 司幽之国 白民之国 黑齿之国 摇民国 季釐之国 臷民之国 西周之国	
番禺		始为舟		帝俊孙
吉光		始为车		帝俊孙
晏龙		始为琴瑟		帝俊子
八子		始为歌舞		帝俊子
义均		始为巧倕		帝俊孙
后稷		始播百谷		帝俊子
大皞			巴国	
少昊		主司反景，孺帝颛顼于少昊之国	长留之山 少昊之国 一目人 缗渊	
般		始为弓矢		少昊子
炎帝			互人之国	
女娃	其状如乌文首白喙赤足	化为精卫	发鸠之山	炎帝少女
鼓，延		始为钟，为乐风		炎帝孙
互人		能上下于天		炎帝孙
共工				炎帝孙
后土				炎帝孙
相繇（相柳）	九首蛇身自环，人面而青	被禹所杀	食于九土	共工臣
夸父	珥两黄蛇，把两黄蛇	逐日而死		后土孙
鲧	殛于羽郊，化为异物	攻程州 布土定九州，窃息壤堙洪水，帝命祝融杀之。	驩头之国 青要之山	黄帝孙

续表

人名	形状	事业	分国	其他
禹		令竖亥步东西极。布土定九州，攻共工，杀相繇，堙洪水。	毛民之国	鲧子
夏后启	珥两青蛇乘两龙左手操翳，右手操环。	上三嫔于天得九辩九歌，舞九代。	赤水之南 大乐之野	
孟涂		司神于巴人	在丹山西	夏后启臣
羿		杀凿齿于寿华之野帝俊赐以彤弓矰矢，以扶下国		帝俊臣
台玺		田祖		叔均父
女尸		化为䔄草	姑媱之山	帝女
鼓	人面龙身	杀葆江，被帝戮，化为鵕鸟	钟山	钟山子
钦䲹		杀葆江，被帝戮，化为大鹗		
贰负		与危杀窫窳	疏属之山	
危		与贰负杀窫窳	疏属之山	贰负臣
刑天		与帝争神，被杀，乃以乳为目，以脐为口，操干戚而舞	常羊之山	
女娲		有神十人名曰女娲之肠	栗广之野	
尧			葬岳山？狄山？	
帝喾			葬岳山	
帝丹朱			葬苍梧之山	
汤		伐夏桀		
夏耕之尸	无首操戈盾立		巫山	
蚩尤		作兵伐黄帝被杀		
昆吾			龙山	

续表

人名	形状	事业	分国	其他
穷奇	如虎有翼，食人，其状如牛，猬毛，音如獆犬。		邽山	
夔	状如牛苍身而无角，其光如日月，其声如雷，一足出入水，则必风雨。	黄帝得之以其皮为鼓，声闻五百里	流波山	
窫窳	如牛赤身人面马足，声如婴儿，食人。	被贰负与危所杀	少阳之山弱水	
帝江	龙首，状如黄囊，赤如丹火，六足四翼，浑敦无面目。	识歌舞		

表三　《山海经中古史系统表》

一、黄帝系

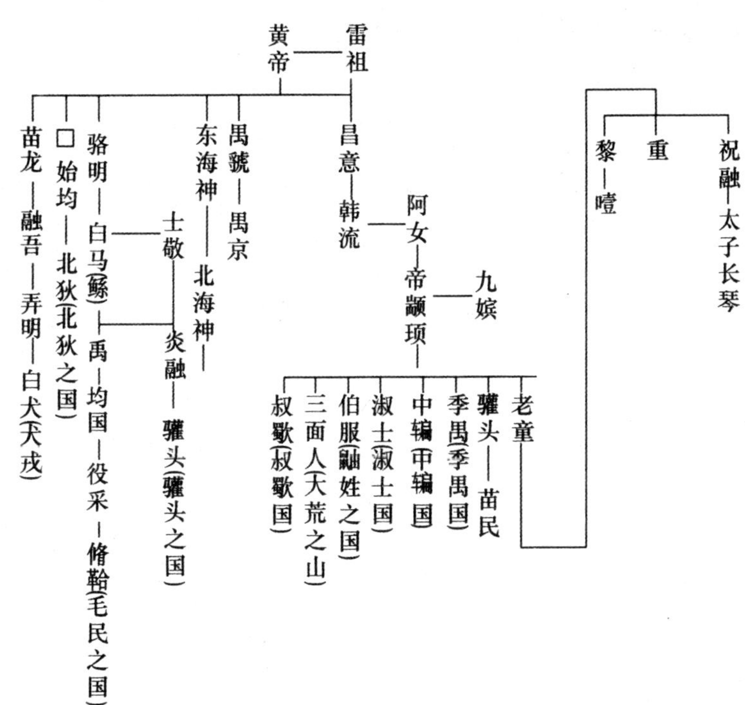

二、帝俊系

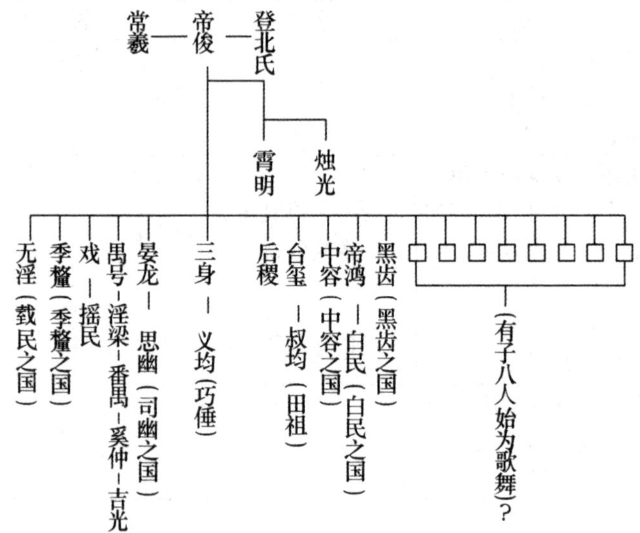

三、大皞系

大皞—咸鸟—乘釐—后照—（巴人）

四、少皞系

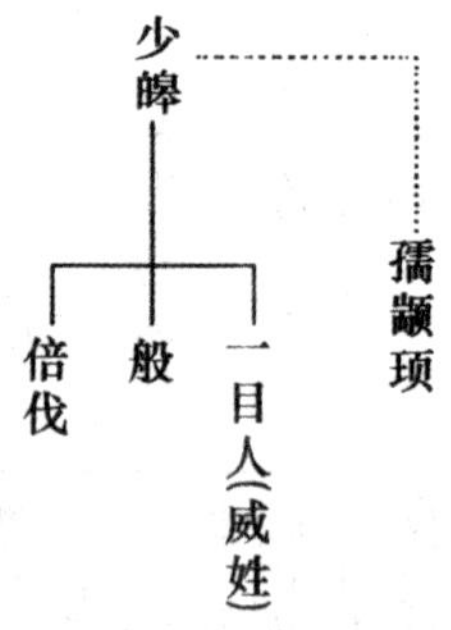

五、炎帝系

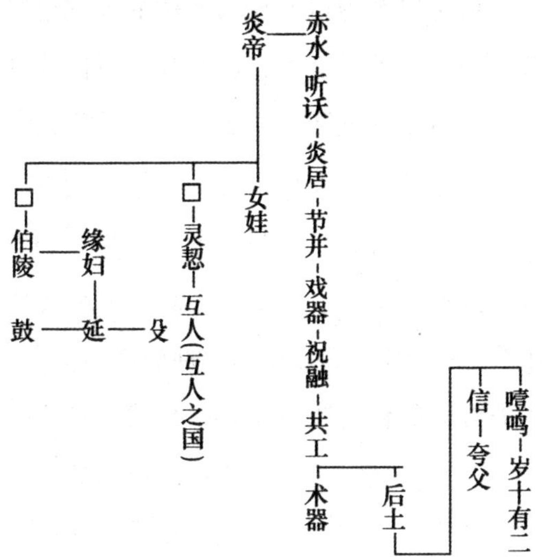

六、伯夷系

伯夷父—西岳—先龙—氐羌

七、南岳系

在以上的七个家系中，有一点是非常值得我们注意的，就是：

1.黄帝妻雷祖生昌意……《海内经》

2.韩流取淖子曰阿女，生帝颛顼……《海内经》

3.鲧妻士敬，士敬子曰炎融……《大荒南经》

4.舜妻登比氏生宵明烛光……《海内北经》

5.伯陵同吴权之妻阿女缘妇……是生鼓延殳……《海内经》

6.炎帝之妻赤水之子听訞生炎居……《海内经》

7.南岳娶州山女，名曰女虔，女虔生季格……《大荒西经》

为什么不说鲧娶士敬生炎融？而说鲧妻士敬，士敬子曰炎融！为什么不说炎帝娶赤水生听訞？而说炎帝之妻赤水之子听訞！绕这么一个大弯呢？

从这一点上，我们可以知道以女性为本位的氏族组织，确曾存在于中国古代。所谓氏族的组织，就是有共通的祖先，以氏族名称相区分，以血缘之关系相结合而成的一个共同团体。太古时代之家系，通常以女性为本位，氏族之组织是由想象的一个女性祖先和她的子女及她的女系之子孙之子女所构成，其家系由女性而继续，降至家系以男性为本位的时代——私有财产出现以后——氏族之组织，便是由想象的一个男性的祖先和他的子女及他的男系子孙子女所构成，其家系由男性而继续。

我们知道《山海经》的作者决不是禹，也决不是益，甚至不是西周以前的作品。它的作者不止一人，它的完成也不能划然地说属于某一个制裁的时期。我们可以断然地说《山海经》是出于十个人以上或更多的手笔，有的是由传闻而来的，有的是就以前的记载而加以自己的想象，有的故意羼入些不相称的材料来作为某一事件的利用。它的时代是从战国开始以至东汉魏晋。

《山海经》所叙述的是史前时代的民间传说同故事，这一些已被后来人所记载的同未被记载的传说同故事，在事实上有被保存到较后的时代的可能，在这一种被保存被记载的传说同故事，虽然可以有几分或较多的真实性！它的来源是现实的反影同初民的信仰！不过总是虚构的成分居多。所谓被保存的故事中的可靠的几分真实性，就是那某一故事或传说所形成以及产生的时代的社会背景，不过到了经过若干年代以后，社会的组织由渐进或突进的演变，而发现了与前一时代的基础组织的根本差异，执笔记载这某一故事或传说的作者，就难免将自己的时代的社会背景，不知不觉地添了上去，不过那最初被保留的几分真实性，到这时期至少还被保留了一些，这是可以断言的。

现在我们可以来解释为什么《山海经》中所叙述的家系，一部分以女性为原始的祖先，而一部分又以男性为祖先，一部分又糅合男女二性，仅仅于文字的叙述中，显露出女性的地位较重要于男性的缘故了。

在以上所举的六个例子中，显示出史前时代以女性为本位的社会组织的存在的无可置疑，雷祖阿女士敬登比氏缘妇赤水都是这一时代的每一个氏族所拟想的原始的祖先，在这时期每一氏族都以女性为他们的共通祖先，普通男子的地位低于女子，这一想象的女性祖先，不一定是人类而是属于能生产的禽鸟，野兽，或虚拟的神鬼。到了后来，生产工具逐渐进步，由石器而铜器而铁器，社会生活方面，由渔猎而游牧而农耕，男性逐渐成为家族中主要的生产者，其他方面由于掠夺婚的盛行，使女性的地位日渐低落，自然而然地男性变成一部落或一氏族中的供给者和支持者，这样，便形成了所谓以男性为本位的父系家族，当然这时期的氏族祖先，也采取了以男性为本位的传说中的英雄，或猛勇凶残的兽类了。

黄帝韩流鲧舜伯陵炎帝……这些便是这一时期所采用的想象的氏族的共通祖先。

最后人类完全进入文明时代，社会组织日趋繁复，生产工具日益精进，供给过于需求，形成了原始的生产过剩的事实，于是商业上以货易货的习惯，从而普遍，另一方面，以人口为货品的买卖婚也由此而起。这样，男性便成为部落中、社会上独裁的专制者，男女两阶级间形成了绝对的悬殊景象。

这时期的家族的祖先，也同样地为男性所独占，而女性则被安置于无足重轻的赘余地位。

《山海经》中的古代故事的记载，正在这一时期之后若干年，这样，以前所经历的三个不同的演进阶段，便被完全保存在这一记载中。

每一故事的记载者一方面掺入了自己的时代的社会背景，一方面又客观地保存着一些原来的景象，另一方面又主观地把前一时代加上后一时代的事实，使之调和。所以我们在《山海经》中所发现的是以上所举的既以女性为共通祖先，而又加上一位男性的传说中的英雄的混合家系。由于这一种无意的混合，那几分原始以来被保存的真实性，虽被减削，却仍有相当的成分被遗留着。这被遗留的一点，就使我们了解史前时代至有史时代所经历的三个不同的演进阶段，和女系本位的社会组织确曾存在于中国古代社会的这一事实的明证。

表四　《山海经中诸国表》

《大荒北经》

国名	位置	氏族	形貌	其他
牛黎之国			无骨	儋耳之子
犬戎国	赖丘		人面兽身	黄帝孙白犬，肉食。
中輻	西北海外 流沙之东			颛顼子，食黍
继无民		任姓	无骨子	食气鱼
苗民	西北海外 黑水之北		有翼	颛顼孙，食肉
一目人		威姓		少昊之子
深目民之国		盼姓		食鱼
无肠之国		任姓		
无继子				食鱼
儋耳之国		任姓		
毛民之国		依姓		禹孙脩鞈
始州之国				有丹山
北齐之国		姜姓		使虎豹熊罴
叔歜国				颛顼子，黍食使四鸟
大人之国		釐姓		黍食
肃慎氏之国	不咸山			
胡不与之国		烈姓		黍食

续表

《大荒西经》

互人之国			能上下于天	炎帝孙
三面人	大荒之山			颛顼子
一臂民				
盖山之国				有朱木
寿麻之国			爰有大暑 不可以往	南岳孙寿麻
寒荒之国				有二人女祭女薎
轩辕之国				
丈夫之国				
女子之国				
先民之国	西北海之外 赤水之西			食谷，使四鸟
北狄之国	西北海之外 赤水之西			黄帝孙
西周之国		姬姓		食谷
赤国				叔均之国
长胫之国	西北海之外 赤水之东			
白氏之国				有大泽之长山
淑士国				颛顼之子
沃之国	沃之野			凤鸟之卵是食，甘露是饮

《大荒南经》

羲和之国	东南海之外 甘水之间			
驩头之国	大荒之中		人面鸟喙，有翼，食海中鱼	鲧孙
张弘之国	海中			食鱼，使四鸟
鼬姓之国		鼬姓		颛顼孙

续表

焦侥之国		几姓	小人	嘉谷是食
蜮民之国	蜮山	桑姓		食黍，射蜮是食
䟣民之国		盼姓		食谷，帝舜孙
季釐之国	重阴之山			食兽，帝俊子
不死之国		阿姓		甘木是食
盈民之国		于姓		黍麦，又有人方食木叶
卵民之国	成山，甘水		其民皆生卵	
羽民之国	成山，甘水		其民皆生羽	
季禺之国	成山，甘水			食黍，颛顼子
三身之国	不庭之山甘水穷焉	姚姓		黍食，使四鸟

《大荒东经》

女和月母之国				
中容之国	东荒之中壑明山			
壎民之国	大荒之中猗天苏门			
困民国		勾姓		
摇民国				
玄股国	招摇山，融水			黍食，使四鸟
夏州之国				
盖余之国				
黑齿之国		姜姓		黍食，使四鸟，帝俊子
嬴土之国			有柔仆民	
青丘之国				有狐九尾
白民之国		销姓		黍食，使四鸟，帝俊孙
司幽之国				食黍，兽，使四鸟，帝俊孙

续表

君子之国	东曰之山		衣冠带剑	
中容之国	大荒之中合虚山			食兽，木食，使四鸟，帝俊子
芀国				黍食，使四鸟
小人国			名靖人	
大人之国	东海外大言山，波谷山			
少昊之国	东海外大壑			

《海外东经》

埻端国	昆仑虚东南流沙中			
玺唤国	昆仑虚东南流沙中			
大夏国	流沙外			
竖沙国	流沙外			
居繇国	流沙外			
月支之国	流沙外			

《海内经》

朝鲜国	东海之内北海之隅		其人水居	
夫毒国	东海之内北海之隅		其人水居	
壑市国	西海之内流沙之中			
氾叶国	西海之内流沙之西			
朝云之国	流沙之东黑水之西			
司彘之国	流沙之东黑水之西			黄帝后
禺中之国	若水			
列襄之国	若水			
盐长之国			鸟首名曰鸟氏	
巴国	西南			大皞之后
流黄辛氏				城中方三百里

续表

朱卷之国				有黑蛇青首食象
赣巨人	南方			人面长臂黑身有毛反踵
黑人			虎首鸟足	两手持蛇方啗之
嬴民			鸟足	
苗民				有神曰延维
氐羌		乞姓		伯夷父后
玄丘之民	大玄之山			
赤胫之民				
大幽之国				
钉灵之国			其民从厀以下有毛马蹄善走	

《海外南经》

结匈国	西南		结匈	
羽民国	东南		长头身生羽长颊	
讙头国	在毕方东		人面有翼鸟喙方捕鱼	或曰讙朱国
厌火国	在讙朱东		身黑色，生火出其中	
三苗国	在赤水东		其为人相随	一曰三毛国
载国	在三毛东		其为人黄，能操弓射蛇	
贯匈国	在载国东		匈有窍	
交胫国	在穿匈东		交胫	
不死民	在穿匈东		黑色寿不死	
岐舌国	在不死民东			
三首国	在岐舌东		一身三首	
周饶国	在三首东		短小冠带	一曰焦饶国
长臂国	在焦饶东		捕鱼海中	两手各操一鱼

《海外西经》

三身国	在夏后启北		一首三身	
一臂国	在其北		一臂一目一鼻孔	有黄马虎文
奇肱之国	在其北		一臂三目有阴有阳	乘文马
丈夫国	在维鸟北		衣冠带剑	
巫咸国	在女丑北			
女子国	在巫咸北		两女子居水周之	
轩辕之国	在女子国北		人面蛇身交尾上	其不寿者八百岁
白民之国	在龙鱼北		白身被发	有乘黄
肃慎之国	在白民北			有树名曰雄常，先入伐帝于此取之
长股之国	在雄常北		披发	一曰长脚

《海外北经》

无臂之国	在长股东		无臂	
一目国	在其东		一目中其面而居	
柔利国	在一目东		为人一手一足反厀曲足居上	一云留利之国人足反折
深目国	在其东		为人举一手一目	
无肠之国	在深目东		长而无肠	
聂耳之国	在无肠东		两手聂其耳县居海水中	使两文虎
博父国	在聂耳东		其为人大	左手操青蛇，右手操黄蛇
拘缨之国	在其东		一手把缨	一曰利缨之国
跂踵国	在拘缨东		人大，两足亦大	一曰大踵

《海外东经》

大人国	在嗟丘		其为人大坐而削船	
君子国	在其北		衣冠带剑好让不争	衣兽，使二大虎在旁
青丘国	在其北			其狐四足九尾
黑齿国	在其北		为人黑	食稻，啖蛇
玄股之国	在雨师妾北		衣鸟食驱	
毛民之国	在玄股北		身生毛	

续表

劳民国	在毛民北		黑	或曰教民

《海外南经》

伯虑国	在郁水南			
雕题国	在郁水南			
离耳国	在郁水南			
北朐国	在郁水南			
枭阳国	在北朐西		人面长唇黑身反踵 有毛见人笑亦笑	
氐人国	在建木西		人面鱼身无足	
匈奴	在西北			
开题之国	在西北			
列人之国	在西北			

《海内西经》

流黄酆氏之国	在后稷葬西			中方三百里，有涂四方
东胡	在大泽东			
夷人	在东胡东			
貊国	在汉水东			地近于燕

《海内北经》

犬封国	大行伯之东			即犬戎国
鬼国	大贰负之尸北		人面一目	
戎			人首三角	
林氏国				有巧 兽曰驺吾
盖国	在巨燕			
朝鲜	在列阳东			
射姑国	在海中			属列姑射山环之
明组邑	居海中			

（原载《史学年报》第三期，1931年8月）

说《水浒传》

——《明史》札记之一

《少室山房类稿》七十五：歌者屡召不至，汪生狂发，据高坐，剧谈《水浒传》。奚童弹筝佐之，四席并倾，余赋一绝赏之：

琥珀蒲桃白玉缸，巫山红袖隔纱窗，

不知谁发汪伦兴？象板牙筹说宋江。

汪生行六，字仲嘉，汪道昆（伯玉）族弟。胡应麟于万历十九年（1591A.D.）入歙往访道昆，此诗即尔时作。据题谈《水浒传》而以象板牙筹弹筝佐之，则是说唱并重。由此可见《水浒传》在明季士大夫社会中流行之盛况。

（原载《清华周刊》，第三十七卷第一期，1932年2月27日）

反对繁文

通过文字来表达意见，提出建议，决定措施，拟出方案，讲清道理，批评表扬等等，本来是件好事。因为第一可以比较有条理，经过思考，写在纸上，比口头说会更清楚些，扼要些；第二可以节省时间，书面的东西看起来要比听的省事些，省时些；第三口头讲有空间的限制，只能面对面讲，书面的不受距离的限制；第四对某些工作忙的人来说，书面的东西要比口头讲话更易于安排时间，及时解决问题；第五对某些重要问题，书面的东西要比谈话好，因为可以保存起来，作为档案材料，以后便于查对、参考。总之，好处甚多，不一而足。

但是，事物总是有两面性的，恰恰因为好处多，毛病也出来了。因为方便，拿笔一写便是，比之约会面谈，必须对方有工夫才行，这样，文字便满天飞了，连可以面谈解决的也用文字代替了，其病在多。因为文章由自己写，不受时间限制，便不大考虑对方的精力，越写越多，再加上一套例行公式套语，起承转合，其病在长。也正因为是在写文章，有的人不免要卖弄才华，多方引譬，或者引经据典，借此说彼，开头要讲些客气话，冠冕一番，绕了圈子，一圈再一圈，甚至再来几圈，才入正题，说出本意，最后归结，还得照样绕圈子，其病在空。多，长，空，这三条合起来就是文牍主义的罪状。

文牍总是要的，不管是什么社会，什么时代，总得有文牍。但是，一成为主义就坏事了，非反对不可。

历史上有许多著名的文牍主义者，据说秦始皇看公文，“衡石量书”，文书多到论石称，一天要看多少斤文件。隋文帝看公文，连吃饭的时间也在看，“卫士传餐而食”，看来很可笑。仔细一想，倒不怎么可笑了。原来秦始皇的时候纸还没有发明，他看的公文只能是竹子或者木头的简牍，一片写不了多少字，那么一天看个几十百把斤，并不算多。隋文帝时已经有纸了，不必论斤，他有时候忙一些，吃饭时带着办点事，也是理所当然的，总不会顿顿如此，要不然非闹胃病不可，但史书上并无这项记载。看来这两人都不能算是闹文牍主义。

真正的文牍主义者是明太祖，这是有史料可查的。据《明太祖实录》的记载，以洪武十七年（公元1384）九月间的收文为例，从这月十四日到二十一日，八天内，内外诸司奏札凡一千六百六十件，计三千三百九十一件事情。他平均每天要看或者听两百多件报告，要处理四百多件事情。他陷在文牍的汪洋大海中，四望无边，而且无穷无尽，实在苦恼得很。

吃了苦头，就要反对，就要斗争。明太祖吃了文牍主义的苦，成为文牍主义的坚决反对者了，他把犯有空而长罪状的文件叫作繁文，有一次大大发作了一顿，打了人，整顿了一下。故事是这样的：历史上有些文人好上万言书，有一个叫茹太素的刑部主事，举人出身，好弄文墨，写了一万七千字陈说时务的意见，明太祖叫人读给他听，读了六千三百七十字，还没有说出具体事实，只是空洞地说朝廷用的人都是迂儒俗吏。明太祖大怒，把他叫来，问你在刑部，刑部有两百多人，谁是迂儒？谁是俗吏？指的是谁？再三盘问，回答不出。越发生气，把他打了一顿。第二天晚上，又叫人再读，一直听到一万六千五百字以后，才讲到本题，建议的五件事情，其中有四件是可行的。这五件事情一共才五百多字。他一早起来，就叫人把可行的四件事情办了。还表扬茹太素是忠臣。说："今朕厌听繁文而驳问忠臣，是朕之过。"承认了打人的过失。也指出茹太素把五百多字可以讲清楚的事情，却写了一万七千字，这是繁文之过。为了改正这种毛病，他规定了建言格式，公布全国，自己把这事情的经过写成序文，印在前面。[①]这是洪武九年（公元1376）的事情。但是，过了八年，到

①《明史》卷一百三十九，《茹太素传》；《明太祖文集》卷十五，《建言格式序》。

了1384年，他每天还得看两百多件文件，看来，空而长的毛病也许好一些了，多却没有改。

反对繁文的另一著名人物是海瑞。海瑞也是举人出身，却和茹太素相反，主张简省文移。有人可能这样想，茹太素是写给人看的，就写得多，海瑞是看人家的文字的，就主张少写了。不过，我倒用心研究过他的文集，他的文章、信札、奏疏、条约，的确不长，也不空洞。他在万历三年（公元1575）以右副都御史巡抚应天十府，一上任就发出条约（布告），其中一项就是改革文移，条约说：

> 今日诸弊，不能尽革，大概在文移过繁。本院一时不能尽言，各官自行酌量，一以简省为主。凡事不必抄写前案许多，紧急者略节用之。府县所自议，说话一句而尽者止用一句，二三句而尽者用二三句，当用片纸者用片纸，当用长纸者用长纸，止使事情不遗便是。要官自作稿付吏誊，不可尽付吏书，以致繁琐。其有供招，一如刑部例，简切数语，起草付吏誊案。若识机栝，事本不劳，不必用吏书行移，用许多说话也。省之，省之！事由于官，不由吏书，风清弊绝有日矣。①

总括起来，也不过几句话，第一要简单扼要，引用前案只拣重要的节录。第二不要说空话，说一句可以明白的就说一句，片纸可写的就写片纸，只要讲清楚不遗漏就行。第三要亲自动手，要官自作稿，不可假手吏书，吏书只能帮着抄写。这几条很明确，很具体，不但适合当时情况，在今天来说，也还是有点参考意义的。

（原载《人民日报》，1959年6月15日）

①《海瑞备忘集》卷三。

论学风

近几年来，学术界的学术研究工作遵循着理论联系实际的方针，发扬了实事求是的良好风气。例如研究水利的，过去只能在狭小的实验室里，假想种种课题，作了一些实验，从书本到书本，从教室到实验室，搞了多少年，也没搞出一个什么名堂来。但是，从官厅、十三陵水库，特别是密云水库兴建以来，不管是年长的教授，或年轻的学生，都投入了改造自然面貌的斗争，从设计到施工，刮风也罢，下雨也罢，他们都和工人一起共同劳动，理论为实际服务，又从实践中总结出经验教训，不只锻炼了人，有效地出色地完成了建设任务，也不断提高了学术水平。农业技术科学也是如此。农科院校的许多师生到田间、地头，他们从选种、施肥、土壤改良、水利灌溉、病虫害防治、果树栽培、防止碱化、机械耕作等等，都努力结合实际，从具体、当前生产出发，作了有成效的研究，提出了许多好的意见，为提高农业生产作出了贡献，这是非常可喜的事情。

社会科学方面的研究工作，也同样有了不少成绩。但是和上述的例子比较起来，就显得有些和国家的要求不相适应了。而且，特别应当引起注意的是有些不健康的倾向，已经在露头了，尽管是少数的、个别的现象，却也值得我们警惕。

举例说，从贯彻保证六分之五的教学、研究时间以来，一方面高等院校的教师们的业务学习空气浓厚了，可是另一方面，却也有少数人，以此为借口，钻到故纸堆里出不来了，对理论学习、政治实践有些放松了。甚或有个别的人，连报纸也不看了，把自己和国内实际、国际实际隔绝起来了。厚古薄今的倾向又再次出现了。

举例说，有些艺术院校的教师，在一味追求什么大的、洋的、古的，对自己的东西，优秀的传统，现代的东西，看成低人一等，一概不感兴趣。其中，个别的人还在吹嘘什么永恒的艺术，如此等等。

举例说，在学术讨论中，有人对孔子的某些论点解释为理论和实践相结合，解释为接触到了自由和必然的辩证法的真理，好像在孔子时代已经有了科学的认识论了，和马克思列宁主义的某些论点没有什么区别了。有些文章甚至把孔子思想说成是超阶级、超时代的永恒的东西，什么时代、什么阶级都可以适用。个别文章还说出这样一种理论，阶级斗争学说在近现代历史上是可以说得通的，但在古代就不一定了。这样，就把阶级斗争的学说，一切都要从阶级分析出发这一真理，从中国哲学史、中国历史中给阉割了。

这一种学术倾向，无论如何不能说成是健康的，正确的，有益的。

把马克思列宁主义理论看成是孤立的事物，不去和中国的当前实际、历史实际相结合；把阶级斗争、阶级关系、阶级分析一概存而勿论；为了论定历史上的人物，“没有唯物主义的批判精神，所谓坏就是绝对的坏，一切皆坏，所谓好的就是绝对的好，一切皆好”。这些错误的东西毛主席早已批判过了。毛主席教导我们，学习历史是为了向前看，而不是向后看，但上述这些倾向，恰好是向后看，而不是向前看。党的百家争鸣的方针，无疑地必须是在马克思列宁主义、毛泽东思想指导下的争鸣，而从这些倾向看来，却显然不是如此。

应该说，这种学风是不好的，不健康的，有害的，应该坚决反对的。

纠正的方法只有两条，一是认真学习理论，一是紧密联系实际。

要注意，要纠正，使我们的社会科学坚决地在马克思列宁主义道路上前进。

（原载《前线》第9期，1963年）

从历史方面来看戏

我对《甲午海战》的一些意见，已经同海军政治部文工团的同志们谈过了，谈过的话我今天就不再谈了。我只看了《甲午海战》的演出，还没读到剧本，我今天谈的有些情况可能不完全对。我想，从历史方面来看戏，不是从戏来看历史。从学历史的人来看这个历史剧，这个戏是符合历史的要求的，戏里的历史事实是基本有根据的，符合历史实际的。这个戏在艺术上安排得很好，很紧凑，是一出好戏。

这个历史题材要编成戏是很困难的。因为甲午海战这一仗，日本帝国主义把北洋海军打得全军覆没，搞得灰溜溜的，很不好写。可是，这种打得惨败的情况，经过艺术家们的处理，在舞台上所表现出来的并不使人感到灰溜溜的，相反的，很鼓舞人心，劲头很大。这个戏在这些方面的处理是很成功的，是一出好的历史剧。主要原因，我看是政治挂了帅。戏从士兵和人民群众的角度出发，发扬了中国人民的爱国主义精神，这样，舞台上表现出来的是北洋海军虽然打败了，但中国人民并没有被打败，正相反，从结局所表现的，由于这个惨败，激起了更广大的人民群众反对帝国主义侵略的怒潮。

甲午战争时候的情况是这样的：当时日本要侵略中国，可是清朝内部不团结，矛盾重重。首先是政府里边有两派，一派是帝党，以光绪帝为中心，这批人主张要打；一派是后党，以西太后为中心，这批人主张不要打，要妥协，投降。以翁同龢为首的这些人是要打的；以李鸿章为首的这些人是不愿意打的。李鸿章希望通过外交手腕——请俄国、英国疏通帮忙，妥协让步求得暂时的和平。再具体一点来说，政府里文官主张打，没有兵权的主张打，说空话的主张打；武官，有兵权的，带兵的实力派不想打。进一步说是上面的不愿意打，底下的要打。作官的不愿打，士兵要打，人民要打。打败仗的主要原因是政治腐化，垂死的封建统治阶级腐烂透顶了，对内镇压，对外屈辱、妥协、投降，它和人民是对立的，非败不可。

清朝的海军在甲午以前的五六年间，一直没有买过船，也没买过炮。必须指出，当时并不是没有钱，钱搞得很多，可是不用在海军上，却拿去修颐和园和干别的事了。当时这种情况有人在甲午之战以前就看出来了。有人到威海卫、旅顺检查这些舰队的情况，发现了很多问题。首先一条是有炮，而炮弹很少，口径不对；后勤工作根本没能配合上。要求补充这方面的配备。可是清朝政府非常腐化，认为不会出什么事情，即使买了一些炮弹，买的也是人家不要的，过期很久的废品。再加上后勤人员贪污腐化，把钱弄到自己腰包里。同样，海军军官也大部分腐化了，纪律松弛，生活糜烂，贪污风行，害怕打仗。再加上南洋海军和北洋海军因为派系不同，各自为政，闹不团结。这样，清朝的海军在军事上处于很不利的地位。可是那些文人，却不管这些，慷慨激昂，非打不可，口头上说得很多，行动上却也毫无办法。除了文武不和，南洋北洋不和，内部还有属于封建关系的地区性的矛盾。当时海军的基本队伍和将领都是福建人，可是统率海军的却是陆军出身的丁汝昌，福建的海军军官就不大听他的调度。戏里的主要正面人物邓世昌是广东人，广东和福建军官的关系也搞不好。这样，一方面是统帅和将领的关系搞不好，将领不服从他；另一方面是福建和广东的军官有地方派系的斗争，北洋海军内部也是矛盾重重，这种情况在过去旧时代的军队中是很严重的。

从当时的军事实力对比来看，清朝的北洋海军实力从形式上看比日本海军强。清朝的两条主力舰的吨位和火力都比日本主力舰的吨位多、火力强。整个海军军舰吨数也比日本的多。可是问题何在？问题在这个地方：清朝海军的船都已买了十几年了，旧了，老了；日本海军的船则较新。清朝海军的船的速度慢，每小时只能走到十三四海里，可是日本海军的船虽小，速度却较快，能够走到十七八海里，或者更多。（吉野最快，达二十二海里半——田汉注）清朝海军的炮口径大，威力大；日本海军的炮口径小。（松岛也装有三十二生的主炮一门——田汉注）可是日本海军的炮位多，发炮的速度快；清朝的慢。清朝海军的失败，更重要的是在作战的时候战术上犯了错误。按原来安排应该是两条主力舰——最大的铁甲船摆在前面，摆成人字形，以最强的铁甲舰跟敌人作战。可是，当时丁汝昌底下的副手——海军总兵刘步蟾（他是福建人，在英国学海军的）自己在主力舰上，害怕这条船会受到敌人炮火集中攻击，因此他临时把阵势改成半月形，把自己舰队里最弱的去挡敌人最强的。这一改变，在战术上就完全处于劣势，虽然使敌舰受了相当损失，自己也被打掉了几条船。后来留下了一部分船退到了威海卫，这些船花个把月比较短的时间修好了以后，本来还可以重振旗鼓再打。可是李鸿章为了保存自己的力量（因为他只有这点本钱，这点本钱搞掉了就没有了），下令不许出战。丁汝昌再三要求出去，他反而大骂说，只要保住船，别的不是你的事。这样，就自己把自己封锁起来。最后敌人陆军登陆，从背后打，就把这几条船送给敌人了。当时的历史情况大概如此。

几个主要问题在戏里都表现了。上下不一致，内部不一致，都表现出来了。结局由于西太后和李鸿章的对外屈辱、妥协、投降的罪恶政策，北洋海军全军覆没以后，士兵和当地人民不肯屈服，起来斗争。戏的结局写得好，很鼓舞士气，振奋人心。从历史事实来看这个戏是基本符合历史实际的。指出了妥协投降是争取不到和平的，只有斗争，才是中国人民唯一的出路。戏写得好，也演得好，应该说，《甲午海战》是近年来许多历史戏里面我较满意的一个。下面提几点意见。

第一，清朝海军的失败，不止是海军方面的问题，而是清朝封建统治阶级整个政治的腐败。这个戏里是通过方管带的老丈人在渔民中间作威作福，向老百姓要钱，给慈禧太后干这个干那个，来表现清廷政治上的腐败。表现方法是对的，但是感觉到不足，让人感到他好像只是地方上的恶霸，他一上场令人感到可恶，但可恶的程度还不是很够。我看，应该强调他做的坏事不仅是他个人的，应该是当时整个统治阶级的。他应该作为当时封建地主统治阶级的下层代表人物来描写。假如这个人物能加强一些，战争失败的根源就会更明确一些。

第二，戏里有外国特务的穿插，这是必要的。根据史料的记载，当时确是有很多日本特务钻进来，在内部进行破坏，搞间谍工作，其中有几个被抓到杀掉了。但是，戏里的特务从头穿插到底，分量似乎过强了些。这么一搞，容易使观众感到混乱，好像清朝打败主要是因为敌人特务间谍在破坏，而把政治腐败这一基本问题削弱了。这些日本特务的破坏活动，在戏里应该有，但是不是分量重了一些？假定能把政治上的腐烂描写得透一点，然后再把特务活动作适当描写，戏就会更完善一些，更符合实际一些。

第三个意见是关于邓世昌和其他将领们。刚才讲到这里边有派系关系、地域关系，这在封建时代是很严重的现象。从戏里所表现的来看，好像看不出他们之间的地区性的派系的斗争。戏里写了有些人反对邓世昌，为什么要反对他，这方面看起来还不够明确。这方面可以根据实际情况作适当的描写。这样就可以从中汲取教训：甲午海战的失败除了政治腐败是根本的原因以外，主要是内部不团结。不但是南洋海军不参加，北洋海军内部也是勾心斗角，不一致的。

戏是好戏。这些意见仅供参考。

（原载《戏剧报》第19、20期，1960年）

谈历史剧

最近一两年来，经常和历史剧打交道，有的是要就演出的剧本提意见，有的是要对正在创作中的剧本提意见，意见虽然不见得很成熟，既然要我说，也就说了。自己呢，也对历史剧发生兴趣，虽然不懂京戏，也在尝试写海瑞的戏，从今年年初开始，到现在已经改写到第七次了。有人说我胆子大，不懂戏而写戏，我说不懂是事实，但是不懂并不等于不能写，能不能，决定于有没有决心学，只要下了决心学，不懂是可以变成懂的。在写作过程中，我向各方面请教，向懂戏的人请教，特别是向导演、演员请教，提一次意见就改写一次，到现在，不敢说很懂，至少比之过去，是懂得多了一些了。总之，我已经和历史剧发生了深刻的关系，接触面越来越广泛了。日积月累，也就有了好些意见。

意见虽然很多，总起来说，也只有一条：什么叫历史剧。

问题开始发生在《杨门女将》这个戏上。这个戏确是好戏，自从杨家将这个故事中有了佘太君和穆桂英以后，这两个舞台上的妇女英雄人物，便为广大人民所喜爱。这是因为在封建社会里，妇女是没有社会地位的，长期以来受男权、旧礼教所压迫、束缚的。妇女不止是没有政治权利，连出头露面也不许可，束手束脚，甚至说笑露了牙齿也被认为是放肆。这股闷气憋了多少世代！如今在戏里有了这样英雄人物出现，一老一小，都有好武艺，都出了风头，特别是穆桂英，在《辕门斩子》这个戏里，闹自由结婚，把杨宗保俘获了，把杨六郎打败了，结了婚之后去见公公，杨六郎原来绑了杨宗保要杀的，孟良、焦赞求情不下，佘太君求情不下，八贤王求情不下，到穆桂英一来，事情立刻变了样，这个被打怕了的公公什么全答应了。舞台上的杨六郎，这个八面威风的元帅的窘态，和穆桂英的英雄形象相对比，给了被压迫的妇女以极大的喜悦。不止妇女，也给男子以极大的喜悦。这两个妇女在舞台上的解放，当了将军带了兵，替舞台下的妇女出了这口闷气，怎能教人不喜爱？

其次，近百年来，我国饱受帝国主义的侵略，从鸦片战争到义和团运动，到日本帝国主义侵略中国，一直在打败仗，损师失地，赔款丧权，广大人民受够了气，伤够了心，除了用自己的行动，奋起保卫国家，和侵略者进行英勇的斗争以外，都迫切希望能够有一支抵抗侵略的力量出现，保家卫国。有关杨家将的戏适应了广大人民的要求，从杨业到杨宗保三代，男妇老幼，一家子都英勇地坚决地和侵略者进行斗争，并且取得胜利。以此，杨家将的戏和广大人民的反侵略要求密切结合，和广大人民的爱国主义精神密切结合，又怎能教人不喜爱？

杨家将在人民群众中生了根了，戏中人物为广大人民所熟悉了。解放以后，社会情况起了根本性质的变化，妇女解放了，侵略者被赶出去了，但是，这个戏仍然被广大人民所喜爱。这是因为佘太君、穆桂英两个妇女，和杨业祖孙三代的英雄形象，在生产上还起着鼓舞作用，不是有许多农业生产队、班、组以穆桂英、杨宗保命名吗？佘太君老当益壮的精神，也在广大妇女中起着积极的作用。

由于对这些舞台人物的喜爱，这几年来接连出现杨家将的戏，除了《杨门女将》以外，有《佘赛花》、《状元媒》、《杨文广征辽》、《杨排风》、《十二寡妇征西》等等。这些戏上追到佘太君的青年时代，下降到第四代杨文广，（其实，杨宗保并无其人，杨文广是杨延昭的儿子，就是戏上的杨宗保。）不止杨门女将，连杨家少将也上了舞台了。

于是，有的刊物要我写文章，从历史的角度来评论这些戏。

这样，问题就提出来了，什么叫历史剧？

对杨家将这些戏，我是喜欢看的。像《辕门斩子》就不知道看了多少次。但是，要我从历史角度来衡量这些戏，那就困难了。因为这些戏都不属于历史剧范畴，不能算历史剧。

杨业、杨延昭、杨文广都是历史人物，《宋史》上都有记载。他们都是当时的爱国军人，在边疆立了战功，保卫边界，声名很大。但是，像佘太君、穆桂英、杨排风这些人物却出于戏剧家的创造，在历史上是找不到根据的。不止人物而已，《辕门斩子》也罢，《十二寡妇征西》也罢，《杨门女将》也罢，《杨排风》也罢，《杨文广征辽》也罢，所有事实都是戏剧家的虚构，在历史上是找不到根据的。

人物没有根据，事实没有根据，怎能叫历史剧？

同样，包公戏也是广大人民所喜爱的戏。包拯是确有其人的，是个刚强正直的清官。但是像《秦香莲》、《探阴山》这些戏能不能算历史剧呢？我看还是不能算，因为历史上并不存在这样的事实。

这些戏都不算历史剧，算什么呢？我说应该算故事剧。

故事剧也大多表演的是过去世代的事情，从小说、传说取材，或者出于戏剧家的创造，剧中人物可以和历史挂上钩，例如杨家祖孙或包拯，也可以完全出于创造。至于故事情节，可以不受历史约束，剧作家有充分虚构的自由，只要合情合理便行。我曾经翻阅过有的单位编的历史剧目，仔细看来，其中大约百分之九十五以上是属于故事剧范畴的。

另一种是神话剧，例如《封神榜》、《西游记》、《张羽煮海》、《柳毅传书》之类。

至于历史剧，和神话剧不同，和故事剧也有本质上的差别。

历史剧和历史有联系，也有区别。

历史剧必须有历史根据，人物、事实都要有根据。历史剧的任务是反映历史的实际情况，吸取其中某些有益经验，对广大人民进行历史主义爱国主义教育。人物、事实都是虚构的，绝对不能算历史剧。人物确有其人，但事实没有或不可能发生的也不能算历史剧。在这一点上说，历史剧必须受历史的约束，两者是有联系的。

同时，历史剧不同于历史，两者是有区别的。假如历史剧完全和历史一样，没有加以艺术处理，有所突出、夸张、集中，那只能算历史，不能算历史剧。我写《海瑞》多次，人家看了说没有戏，就是这个道理。反之，历史剧的剧作家在不违反时代的真实性原则下，不去写这个时代所不可能发生的事情，而写的是这个历史人物所处的时代完全可能发生的事情，在这个原则下，剧作家有充分的虚构的自由，创造故事，加以渲染、夸张、突出、集中，使之达到艺术上完整的要求。具体一点说，也就是要求现实主义与浪漫主义相结合，没有浪漫主义也是不能算历史剧的。

总之，一句话，历史剧要求反映历史实际的真实，也要求对历史事实进行艺术的加工，使之更加强烈、具有高度的感染力量。在历史条件许可的情况下，剧作家完全有权创造某些故事，当然也有权略去某些历史事实；集中突出某一部分，删去略去某一部分，是完全可以容许的。

历史剧的剧作家必须注意历史和历史剧的联系和区别。不注意联系，不注意区别，都是不应该的。

这样说，是不是降低了故事剧的地位呢？我看并不。故事剧、历史剧、神话剧各有其作用，这里并不发生地位高低的问题。《杨门女将》这类戏不算历史剧，只能算故事剧，仍然是好戏，《秦香莲》、《探阴山》不算历史剧，只能算故事剧，仍然还是好戏。成千上万的观众只问这个戏好不好，并不考虑是历史剧还是故事剧。但是勉强把故事剧算成历史剧，那就会在观众中造成混乱，把故事当成真实的历史去理解，这就不好了。

以此，作为教育人民的最好的工具戏剧艺术来看，历史剧和故事剧是必须有所区别的。不作这个区别，混淆这个区别，将会使广大人民混淆对历史的看法，对历史人物和历史事件的真实面貌缺乏肯定的评价，历史时期可能发生和不可能发生的事情无所区别，从而歪曲了混乱了祖国的历史，降低了历史剧的教育意义。这样做，是没有好处的。

我这个看法是逐渐积累起来的，在有些场合也曾经提出过。但是，有些朋友不完全同意这个看法。以此，这是个有争论的问题，写出来提供大家讨论。希望历史学家和戏剧家都能参加这个讨论，从而取得共同的一致的结论。

（原载《文汇报》，1960年12月25日）

再谈历史剧

从去年年底在《文汇报》发表了《谈历史剧》一文以后，抛砖引玉，各方面朋友有许多不同意见发表，在上海，在北京，都展开了争论，这是一种非常可喜的有益的现象。

在这几个月中，我又曾多次思索，基本上还坚持上次所谈的意见，为了引起讨论的深入，就个别问题，再次谈一点不成熟的意见。这次谈的第一部分主要是戏。首先要声明，第一我不懂戏，第二也不常看戏。

不懂戏而贸然来谈戏，一定要出毛病，要请专家原谅和指教。

我曾经说过《杨门女将》、《秦香莲》一类戏只能算是故事戏，不能算历史戏。并且还郑重声明，故事戏和历史戏并无高下之分，观众看戏，只看戏好不好，并不管你是历史戏还是故事戏。

不知怎么搞的，发表不同意见的朋友们却把《杨门女将》看作杨家将了，例如任志先生就说："首先，我们从《宋史》（卷二七二）、《东都事略》、《隆平集》、《续通鉴长编》等书中，可以找到杨家将历代为抵御外侮，效命疆场的记录。"①这些话是完全对的，这些书我也看过，知道杨业、杨延昭、杨文广是确有其人其事的，我上次并没有说杨家将故事在历史上没有根据，不符合历史实际情况。但是接着任志先生却说："根据这样的丰富史料作基础，戏剧家当然有理由，也有条件编造《百岁挂帅》、《十二寡妇征西》、《杨排风》等为人民群众喜闻乐见的剧目。"可是我不明白，根据这些史料，有什么理由，有什么条件来编这些任志先生所谓的"历史"剧呢？佘太君、穆桂英、十二寡妇、杨排风，无论哪一

①详见余嘉锡：《杨家将故事考信录》。

个，曾经见于上引的哪一种书？假如命题是凡男人皆有老婆，杨家将三代都是男人，所以杨家将必然有老婆，这样说谁都不能反对。但是，问题是不只有老婆，而且是英雄的老婆，而且全都是英雄的老婆，作出了抵御外侮记录的老婆，这个记录，我很不能理解是谁记录的，记录在哪里？跟着任志先生又说："佘太君以及杨家诸英雄妇女的事实，虽则'于史无征'，可是其'可能性'却不是完全向壁虚构的。"这里，很可惜，记录又不见了，成为"于史无征"了。任志先生在承认"于史无征"之后，却又笔锋一转，说可能性还是有的，下面接着引刘锜顺昌之战、妇女砺刀剑，梁红玉黄天荡之战作为有可能性的根据。反过来，又说杨门女将完全合于历史真实，其所以一时在死的资料中找不到根据，是由于史料是经过歪曲隐蔽。这里又很奇怪了，同样是死史料，为什么对顺昌的妇女砺刀剑、梁红玉的擂鼓没有歪曲隐蔽？而偏偏对于任志先生所谓完全合于历史真实的杨门女将却歪曲隐蔽呢？封建史家何以厚于刘、梁而薄于杨家呢？

关于可能性问题，任志先生这两个例子并不能解决，我倒可以提供几个更有力的例子，如梁至隋间在广东南部的冼夫人，少年时是穆桂英，老年时是佘太君；如清代后期统帅几十万大军起义，和清朝政府坚决斗争的农民领袖齐王氏，这都是有历史根据的，封建史家并不曾歪曲隐蔽。但是，这些例子并不能证明在十世纪时，杨家将的老婆也非像她们不可呵！不要说不同时代了，就是同一时代，我写的文章，和任志先生写的文章，各人看法就不同，因而决不能够说我有写任志先生那样文章可能性的存在。

再从常识来谈，一个妇女到了一百岁还挂帅出征，这是超过人类历史的现实可能，超过人的生理能力的，是不可能的事。而且，主帅是一百岁的老祖婆，她的孙媳妇穆桂英已经五十岁了，那么，她的那一大堆儿媳妇和八姐九妹至少也应该有六七十岁以至七八十岁了。主帅和将领都是一群老太婆，即使说主帅是运筹帷幄的人，老一些还不要紧，将军是要上阵交锋的，七八十岁的老太婆怎么打仗？不要说妇女，百岁挂帅的事例男子也没有。不只是中国，世界历史上也没有。既然都没有，又怎么会有可能性呢？如其真是有之，可以类比，我很希望任志先生举一个具有历史真实性的实例来说明。

从当时历史情况说，宋朝果真无人了吗？文官不行，武官也不行，只有杨家妇女才行吗？这样说法对祖国历史抱什么态度？宋朝初期究竟有没有一个顶事的将军，我举两个例子，和杨延昭齐名的有杨嗣，稍后有和西夏作战多年的名将狄青，这些人物都不是封建史家向壁虚构的，但从任志先生所谓的这些“历史”剧看来，这些英雄人物都被勾销了，作为历史剧来教育观众，宋朝初期不像话到极点，连一个能打仗的将军都没有，只能让老太婆和一群寡妇去打仗，这能说是历史真实性吗？这对观众的历史教育起什么作用？

再谈一点细节，《百岁挂帅》中（记不清是什么剧种了，好像是扬剧），皇帝、大臣、安乐王都在杨宗保灵前求柴郡主、穆桂英、佘太君出兵，三个人排排坐坐在一起，向三个老太婆左求右求，这在叙事夸张上，确是发挥到高度了，不过，就历史真实性来说，那就不免是两回事了。假如过去的封建时代，曾经出现过这样平等的无拘束的君臣关系，封建社会不早就崩溃了吗？又何须乎把它打倒！

又如，假如妇女在十世纪时或十一世纪初期已经可以当元帅，当将军，妇女的政治地位早已经很高了，那么，其后的千把年，妇女的地位不是走了回头路？这是“其可能性却不是完全向壁虚构的”吗？当然，杨排风以一个烧火丫头当了大将，大败敌人，更使人们痛快。

我说过，这些戏当作故事戏看，确是好戏，我也喜欢看。但是，作为历史剧，那就不同了，我们要提出问题，根据什么？说有可能性，可能性在哪里？说有历史真实性，真实性在哪里？

我并没有把历史看得太狭隘了，我的看法相反，任志先生把历史看得太宽大无边了，把某些人的主观愿望也看成历史了。这是一个根本的分歧，是必须说清楚的。

至于旧剧《昊天塔》、《清波府》等等剧目是今天许多有关杨家孤儿寡妇剧目的来源，这一点是不成问题的。成问题的是《昊天塔》、《清波府》等等都是剧本，都是戏剧家的创作，不能认为是历史。

以上是我对《杨门女将》一类故事戏的意见。

与此有关而更为重要的是任志先生提出这样一个问题："因为有了马克思主义以后的历史成为真正的科学，社会发展有了规律可循，历史剧才能够根据这样的规律去想象创造，因而更丰富了历史形象，有助于历史规律实践的作用。"即历史剧可以根据马克思主义或社会发展规律去想象创造的问题，这是一个原则性的问题。这段话的前半段是不错的，人人会讲，后半段看来是任志先生的想象创造，这可太冒险了。我的理论水平很低，我只知道，历史科学的研究必须以马列主义、毛泽东思想为指导，却从来没有听说过马列主义、毛泽东思想可以代替历史。同样，我想，历史剧的创作也必须以马列主义、毛泽东思想为指导，可是，对于以社会发展规律去想象创造历史剧，却期期以为不可，至于这样做以后，还可以丰富历史形象，有助于历史规律实践的作用，则请恕我愚昧，实在深奥得难以理解，不能置一辞了。

同样，张非同志在《从〈杨门女将〉谈历史剧》一文中，更强调提出："历史剧要求可以无需凭借历史记载、历史根据，而是借助一定时期历史发展的可能性去综合生活，塑造出符合历史发展的可能性的人物形象来，这样达到历史真实。"接着说："历史剧完全是古代社会生活在作家头脑里的产物，它的出现，是从剧作家的立场观点出发，根据历史真实性和可能性的法则，经过分析、研究，发掘了历史发展规律，创造出比实在人物、事件更完备的典型。"这两段话也同样是难以理解的。第一，剧作家可以无需凭借历史记载、历史根据，好了，把历史记载、根据都一脚踢倒，倒也省事，不必读书了。问题是既然不根据历史记载、历史根据，那你又为什么一定要把所创作的东西叫作历史剧呢？在我看来，既然都踢开，索性把历史剧的历史两字也踢开，这样，矛盾便统一了。是不是？第二，借助一定时期历史发展的可能性去综合生活，塑造出符合历史发展的可能性的人物形象，来达到历史真实，问题就更严重了，既然不要历史记载、历史根据了，这一定时期的历史发展可能性和人物形象从哪里来呢？如何借助呢？借助什么呢？结果只有两条路，一条是闭着眼睛空想，另一条呢，求助于马克思主义。那么，问题也还是要来，第一种办法只能是作者的空想剧，和历史剧不相干。第二种呢，也还是那句话，马克思主义不能代替历史剧，而且，马克思主义也没有义务替我们来规划中国历史上这种那种可能性呀！至于达到历史真实，我也实在有点担心，恐怕有点儿为难，不大好办也。第三，剧作家从自己的观点、立场出发，这是不容怀疑的，因为谁都有他的立场、观点。至于说根据历史真实性和可能性的法则，经过分析、研究，发掘了历史规律云云，又越发叫人糊涂了。上面说过，历史记载、历史根据都不要了，离开了历史实际，这个历史真实性和可能性的法则从哪里来的呢？是谁创造的呢？还是只凭作者的立场、观点就可以创造出历史实际上这种性那种性呢？创造出来的这些性是本店自造，还是必需经过这些人那些人同意呢？既然历史记载、历史根据都不要了，那么，分析、研究一些什么呢？还有，单凭作者的立场、观点，是否就可以发掘历史发展规律呢？于此，想起一个类似的故事：古代有一个学者，要格物致知，要研究竹子，坐在竹子底下想了若干天，道理没格出来，人倒格病了。这个人无疑是有他的立场、观点的，而且，比张非同志还多一堆竹子，但是，可惜，竹子的发展规律毕竟没有找到。

和张非同志一样，辛宪锡同志也主张“过去时代只有统治阶级有历史，帝王将相有历史，被压迫阶级、劳动群众是没有历史的，虽然他们创造了历史。他们的生活，他们的斗争，也有被写进历史的，那往往是被窜改了的，歪曲了的。所以不能想象，局限于记载在书本上的历史材料能够创造得出真正的历史剧来，人民大众的历史剧来”。宁富根同志的《塑造人民群众的形象，突出人民群众的作用》一文中也说："中国历史社会，直到新中国建立之前，一直是历代统治者以自己的政治标准、道德观念来记载历史真实的。"这段话是正确的。但是他下面接着说："这样的历史记载，就其实质来说，是不真实的、被歪曲了的记载。将不可靠的历史资料当作历史真实看，并以它为基础，再进行艺术加工，这样反映出来的艺术真实，当然也只能是被歪曲了的。"这就有问题了。辛宪锡同志的结论和张非同志一样，要"根据马克思主义的辩证唯物论与历史唯物论观点，根据现时生活的体验，无需凭借历史事实的记载，而是借助一定时期历史发展的可能性，去综合生活，丰富生活，虚构创造历史事实，塑造出符合历史发展可能性的人物形象来，从而达到历史真实"。所不同的是加了"根据现时生活的体验"和"虚构创造历史事实"两句话。我要指出，这样做的结果，根据理论，现时生活经验，来虚构创造历史事实，文学家们、戏剧家们有没有这个权力我不清楚，就历史学研究来说，却是决不许可的。马列主义、毛泽东思想，教我们理论联系实际，试问写历史剧而不联系历史实际，倒去联系现时生活体验，这个现时生活体验，看来不可能是别人的，只能是剧作家自己的，那么，公式便是理论联系自己，自己当然也算实际，看来还不能说是历史的实际。这样写出来的历史剧，不可能是历史主义的，不是我们所期望所要求的。

至于历史材料，当然并不是没有问题，而是问题很多，有歪曲，有窜改，有隐蔽，有夸大等等。问题是不能把过去的历史材料一棍子打倒，什么都不要，对祖国历史采取虚无主义的态度。而是要尊重历史，要批判地继承，要经过科学的严格的审查，要正确地运用阶级观点，运用历史唯物主义，对过去遗留的史料做一番辛勤的努力，要去粗存精，去伪存真，由此及彼，由表及里的分析、研究、综合工作，取其精华，去其糟粕。即使是对于个别历史事件，也必须拥有充分的大量的史料，经过严格审查而又能为人们所理解，来求得历史真实，人物的真实，典型环境的真实。

历史剧对历史实际大纲节目基本情况要注意，必须力求其比较符合于历史真实，不许可有歪曲，臆造。例如对待旧时代地主阶级史学家对于农民起义的歪曲、诬蔑，必须运用阶级分析的方法，还其本来面目，肯定其正义的正确的一面。但是，也决不可以任意美化，把古代的农民战争现代化了，把现代的思想意识（当时人不可能有的思想意识）强加于古人，这样做完全没有好处，尽管主观意图是好的，但效果却是有害的，是非历史主义的，因而也是非马列主义的。最近有些剧目，在写古代的民族英雄的时候，作者总是认为这些地主阶级出身的人物是不可能起抵抗侵略、保卫国家的作用的，硬想办法，通过想象，创造出个别的农民领袖来强化剧中的气氛，我看这种做法是不恰当的。相反，《满江红》这个戏，对太行忠义、两河豪杰的作用，尽管也提到了，但还很不够。在剧中开口岳家军，闭口岳家军，过分地强调了岳家军的作用，使观众得到的印象是，当时抗金的力量只有岳家军，把其他所有历史实际中存在的抗金力量相应地抹杀了，这也不能不说是美中不足。

至于细微小节要不要注意呢？我看剧作家完全有自由。从历史实际中的可能性去创造，例如时间的先后，事件的集中或删略，某些人物的虚构等等，只要是这些事和人是在具体时间、具体事件中可能发生的，剧作者都有权加以适当处理。这种虚构或想象，只要是从认真研究历史材料所得出的历史客观实际出发，不但完全可以，而且是必须的。假如不这样做，也就没有浪漫主义之可言，谈不到艺术性，缺乏集中、夸张的手法，因而也达不到戏剧比历史现实更美、更真实、更丰富多彩，使人们喜闻乐见的目的。革命的现实主义在历史剧来说，指的是事件、人物本身必须在基本上符合于历史客观实际，革命的浪漫主义指的是历史剧某些情节，某些人物，某些细节，必须根据艺术的要求，有所强化、集中、夸张、丰富，这两者必须正确地结合，才能达到历史剧的创作目的。

但是，剧作家的自由也是有限度的，浪漫主义不是一味万灵药，只能而且必须正确运用，例如诸葛亮一贯主张联吴抗魏，这个政策就蜀国的情况来说是正确的，但如不适当地把它和现代的统一战线政策混同起来，如果在诸葛亮的戏里唱出“吴蜀本是兄弟邦，统一战线威力扬”，那会使观众发笑，不只无益而且有害。而且，不只是思想意识，服装道具也是如此，假如写《游龙戏凤》的明武宗，让他戴副眼镜，抽根纸烟，我看也是不行的。这本来是老生常谈，但是有些剧作家却并没有能够理会，上面举的《百岁挂帅》中君臣三人排排坐是个例子，《秦香莲》中的公主和太后都到开封府大吵大闹也是例子。以此，我认为这些戏作为故事戏来对待，是没有问题的，如作为历史剧，那就会使观众感觉到封建社会的君臣、上下关系很随便，甚至于相当平等，不只发生不真实的感觉，对历史的真实性和作家的想象，或当时人民的愿望也混淆不清了，在我看来，是没有好处的。于此，举一个例子，一两年前，和一个前辈闲谈，他大概有七十多岁了，在旧社会经历过很多重大事件，有过很高地位。和他谈了杨家父子的事迹以后，他说：“哦！原来佘太君、穆桂英都是虚构的人物。不对呀！戏上却有。”从这位老先生的谈话可以看出，有不少人甚至很多人是从历史剧吸取历史知识的，不把历史剧和故事剧的界限划清楚，结果必然会造成在人民群众中，把历史实际和艺术虚构混淆等同起来，把实际发生过的事情和某些人的想象、愿望混淆、等同起来，这样做，对广大人民通过正确的历史剧来进行历史主义、爱国主义的教育，阶级斗争、社会发展的教育，是没有好处的。至于有些人主张“冲破”历史记载，摧毁封建统治阶级伪造的历史的主张，我的看法是，历史记载是冲不破的，因为这是客观的存在，谁也冲不破。我们的国家拥有时间最悠久、记载最丰富的历史文献，这是一份无价的遗产，我们要用科学的严肃的态度，批判地继承这份遗产，而决不是“冲破”。其次，过去的历史当然是封建统治阶级的历史，人民从来没有当过家，作过主，怎么可能会有人民自己的历史呢？这个命题是对的，但说过去的历史是伪造的，却说得不完全。诚然，过去的记载对农民战争，人民的发明创造，是采取歪曲、诬蔑的态度的，主要是写帝王将相的历史，这是由他们的阶级立场决定的，从今天看来，不正确则有之，伪造则未必。而且，尽管封建史家对农民、人民采取不正确的态度，但毕竟通过这些记载，保留下来不少封建统治阶级镇压农民战争的史料，如果没有这些史料，我们今天连黄巾、赤眉、黄巢、李自成……这些事件和人物的名字都不知道了。所以尽管是反面的史料，也还是无价的史料。另一面，封建史家所记录的他们本阶级的历史，也就是帝王将相的历史，尽管也有夸张，有歪曲，有隐蔽之处，但总不能说全是伪造的吧。研究阶级斗争，研究被统治阶级的斗争，也要研究统治阶级的政策、方针和镇压被统治阶级的一切措施。假如，把统治阶级这个阶级的一切活动都不去研究，甚至斥为伪造而把它人为地放逐到历史领域以外，只讲被统治阶级一面，不讲统治阶级一面，这样，阶级斗争的双方只剩下一方了，我就很想不通怎么能够进行研究、分析，怎么能够全面地说清楚当时的历史情况。问题是在于用什么观点、立场去对待这些史料。不这样做，而一笔抹杀，说这一切都是伪造的，这样说法显然是不全面的。

也应当提一句，马克思写《资本论》，用了多少年工夫，读了一千几百种史料，这些史料很少是人民写的，大都是封建史家写的。马克思并没有因为“伪造”而不去利用它。毛主席教导我们要学点历史，前几年我们出版了标点本的《资治通鉴》，最近还要出版标点本的《二十四史》，这些大部头书，更千真万确，无一例外都是封建史家写的，我们不但十分重视，而且还花了很大力量，组织人力进行标点、校勘的工作，使它更易读，可读，能为人民群众所理解、掌握，这是为什么呢？难道我们是因为“伪造”而重视吗？恰恰相反，这些书里记录了我们祖先几千年来的阶级斗争和生产斗争的经验教训，保存了大量的真实史料。问题也只在于用什么立场，什么指导思想去读它，从中吸取有益的经验和教训，无论是成功的或失败的。这些史书不但今天我们很重视，再过了千万年，我们的子孙还将继续重视，这难道不很清楚吗？

我说，轻视，或者一棍子打死历史材料，是一种有害的倾向。当前我们的任务是重视它，研究它，分析它，用今天的立场、观点去理解它，通过一切方法，如撰写专门论文，编写教科书，出版通俗历史读物，电台播送历史故事，戏剧家们编写正确的历史剧等等，来丰富、提高广大人民的历史知识，提高广大人民的文化水平，使他们更加热爱祖国，热爱人民，热爱党，并且通过某些历史人物、事件的启发，从中学习某些优良品德、传统，从而更高地举起三面红旗，在各个生产岗位上做出更好的成绩，多快好省，力争上游，建设我们伟大的祖国，难道我们不应该这样做吗？

最后，还要说一下，戏剧的作用是远远超过书本的。过去长时期以来，广大人民没有学文化、读书的机会，但是，他们或多或少有一些历史知识，这些知识是由戏剧传播的。今天，情况不同了，人人有了学习的机会，有了学点历史的可能了。但是，要使历史上某些有益的经验教训，某些人物的优良品德，特别是我们祖先艰苦朴素，英勇斗争，富贵不能淫，贫贱不能移，威武不能屈的英雄气概，深入人心，成为社会主义共产主义道德的组成部分，历史剧是有其重要作用和意义的。因此，我们不能不对今天的历史剧提出较高的要求，反对主观的想象、创造，反对基本上不符合历史实际情况的所谓“历史剧”，反对不根据真实史料，而只凭理论联系自己来创作的脱离历史实际的不正确作风。我们要牢牢记住毛主席实事求是，理论联系实际的指示，努力学习马列主义、毛泽东思想，掌握运用大量的充分的史料，切实做好调查工作，经过严格的科学的审查，取其精华，弃其糟粕，用革命的现实主义和革命的浪漫主义相结合的手法，既要有历史，也要有艺术，结合当前的实际要求，创造出多多益善的真正的历史剧来。我衷心盼望戏剧家这样做，也盼望历史学家能够有效地参加这一工作，历史科学的普及工作。以上的意见是不成熟的，为了把意见说得透彻，语气间也可能有冒犯之处，还请原谅，并望得到指教和批评。

（原载《文汇报》，1961年5月3日）

论历史剧

我不懂戏，也不常看戏，但对历史剧却有浓厚的兴趣。

原因是正确的历史剧可以普及历史知识，是进行历史主义、爱国主义教育最有效的工具。

解放以前，我们国家的广大人民没有普遍受到学校教育的机会，百分之八九十的人们是不识字的。但是，尽管没有读过历史书，他们却有了一些历史知识，知道有战国、三国、唐、宋等朝代和刘备、曹操、关羽、张飞、包公、岳飞等等历史事件和历史人物。特别是诸葛亮，“三个臭皮匠，抵过诸葛亮”，在人民中间的威信很高。解放军在连队里开诸葛亮会，大家出主意。农村公社里的老社员组成黄忠班，表示不服老，要和青年人竞赛。包公的声名则更是妇孺皆知，这是因为广大人民长期受封建官僚的压迫，侮辱，以至倾家荡产，丧失生命，渴望有一个清官能够替他们申冤平反，过较好的日子的缘故。海瑞在我国东南地区有“南包公”之称，也是这个道理。

旧历史剧在过去的时代里，是起了它应有的作用的。不过，也有它的缺点，那就是剧作者是根据他所处的时代的思想意识，来处理历史事件和资料的。每一个历史剧都有它的创作意图和时代背景，或者以古论今，以古讽今，指桑骂槐，或者是强调某一方面的教育意义，或者有其他意图等等，总不免夹杂一些糟粕，甚至对历史真实面貌有所歪曲。前者例如宗教迷信的宣传，后者例如对王昭君、曹操的评价等等。我们虽然不能以今天的标准去要求过去时代的旧历史剧，指出这一点却是必要的。

应该肯定，旧历史剧中确实有些好戏，如《空城计》、《群英会》、《杨家将》等等，经过几百年的考验，到今天还为广大人民所喜爱，它的教育作用也还是有现实意义的。

也还需说清楚，旧时代把某些故事剧也算在历史剧范围里，这种影响直到现在还未消除，例如两年前我曾翻阅几厚本的历史剧目，发现其中有百分之九十以上是故事剧，无论如何是不能算作历史剧的，这是一个可以商讨的问题。

例如《杨家将》，杨业、杨延昭、杨文广三代都领兵和北方的辽国作战，保卫边疆，英勇善战，有功于国家，有功于人民。在过去长期受外来侵略，广大人民多灾多难，闻鼙鼓而思良将，《杨家将》这个戏受到广大人民的热烈欢迎，是有它的社会基础的。《杨家将》的人物是真实的，保卫边疆的斗争是有根据的，这个戏是历史剧。虽然其中夹杂了潘杨两家的矛盾，把宋初名将潘美的形象歪曲了，不符合历史真实，但陈家谷之战，失败的主因是监军王侁、刘文裕力主进攻，王侁争功，擅离陈家谷，主将潘美不能阻止，遂致杨业全军覆没。因此潘美对杨业的败死是负有责任的，把账算在他身上也不是完全没有道理的。

由于《杨家将》的形象深入人心，从这个戏派生出了一系列的杨家的戏，例如《辕门斩子》、《四郎探母》、《杨门女将》、《十二寡妇征西》、《杨门少将》、《杨排风》、《佘赛花》、《百岁挂帅》、《穆桂英挂帅》、《破洪州》、《杨文广征辽》等等一大堆，从人物论，佘太君、穆桂英和杨门一群寡妇都是虚构的。从史实说，征西也罢，征辽也罢，破洪州也罢，挂帅也罢，也都出于剧作家的主观愿望，是不符合历史实际的，是那个历史时代所不可能发生的。尽管其中有些戏确是好戏，但不可以给它戴上历史剧的帽子。

同样，薛家将的戏也有类似情况，薛仁贵是实有其人的，是唐太宗、高宗时的名将，曾和高丽、吐蕃打过仗，立下战功。他的子孙也有人当过将军。但如《薛刚反唐》、《徐策跑城》这类戏便一点历史影子也没有了，不能算作历史剧。

至于包公戏，这个人的斗争性是很强的，剧作家有权对某些人物加以虚构，不过，像《打龙袍》、《秦香莲》这类戏，皇太后和公主跑到开封府吵吵闹闹，戏剧性确是加强了，历史性却说不上有一点点。

以上是我对旧历史剧一些看法。要郑重声明的是第一，我不赞成其中有些戏算是历史剧；第二，我还认为其中有些戏是好戏；第三，假如有人一定要把《杨门女将》之类的戏当作历史剧，这是他们的自由，不过，就我个人来说，我还要说不是；第四，旧历史剧是过去时代剧作家的创造，经过长期考验，虽然其中有些缺点，我却不主张改，假使一定要改，也只能个别地方改，改其太不合理和文字不顺的地方，千万不要大改，以至乱改；第五，旧历史剧反映了旧时代剧作家的一些看法，作为历史剧的发展过程来看，是有它的时代意义的。但是，我们这个时代却不应该跟着旧时代的剧作家脚迹走，因为道理很明白，时代不同了！

我要谈的主要是新历史剧的问题。

从最近杨家将这一系统的戏一个接一个演出以来，我感到有些迷惑。我国的历史这么长，内容这么丰富多彩，有成百成千的历史人物和事件可以搬上舞台，为什么不选取其中有教育意义的戏剧性较强的编为历史剧，而非打杨家将的孤儿寡妇的主意不可呢？这样做，有什么必要呢？随便举一个例，《破洪州》这个戏，我虽没有看过，不过洪州这个地方我倒是知道的，就是现在江西南昌。杨家和辽国作战，怎么会打到南昌，这样连祖国地理也搞不清，对观众又有什么好处呢？

在我看来，不妨两条腿走路。一条是继续上演经过考验的好的旧历史剧，一条是集中力量编出新的正确的历史剧。旧有的杨家将这一类的戏当然可以上演，但杨家将孤儿寡妇这条道路却不必再走了。新历史剧的道路是无限宽阔的。

要创作新历史剧，我想，应该注意几点：

第一，历史学家和历史研究工作者应该充分和戏剧家合作，提供戏剧家以新的题材，在我国无限丰富、生动、悠久的历史中，选取其中某些有现实意义的题材，例如我们祖先的智慧、勇敢、勤劳、坚强不屈、雄心大志、勤俭奋斗、创造发明、忠实勤恳、保家卫国、自力更生、调查研究、明辨是非、同甘共苦等等美德，弃其糟粕，取其精华，要求有可靠的真实的史料，又要有戏剧性，每一个故事套写成提纲，附以参考书目，送给戏剧家写作时参考。戏剧家再选取其中一些题材创作成剧本，历史学家要帮助讨论修改，在排演过程中也是如此。这样，把历史和戏剧两个家打通了，一定可以出现很多新的好的历史剧，繁荣了创作，普及了历史知识，也有效地满足广大观众的要求。这个工作我们已经在尝试着做了，也希望其他兄弟省市的历史学家和历史研究工作者们能够这样做。

第二，必须明确历史和历史剧有联系也有区别这一原则。所谓有联系，指的是既然是历史剧，必然要受历史真实性的约束，在时代背景、主要人物和事件等方面，决不能凭空捏造，或者以今时今地的思想意识去强加于古人，让演员穿戴古代衣冠，却具有中华人民共和国人民的思想感情。相反，新的历史剧在主要方面，亦即人物、事件、时代背景方面，必须基本上符合于历史真实，从这方面说，历史剧是和历史有联系的，是不可以不受历史真实性的约束的。违反了这一点，即使文艺价值极高，戏剧性很强，叫什么剧都可以，却不大好称为历史剧。同时，历史剧既不是历史教科书，更不是历史论文，它除了受历史真实性的约束以外，主要的还是戏。是戏就得按戏的办法写，要有矛盾，有冲突，有情节，要收到艺术效果，还必须有所突出，集中，夸张，因之也就不能不有所虚构，使之更丰富，更生动，更美，更动人。戏剧家完全有权利这样做。要充分运用革命的现实主义和革命的浪漫主义相结合的精神，创造出新的历史剧。但是，也还有一条限制，那就是尽管容许而且必须有所虚构，却只能、必须限于这个人物、事件所处的时代所可能发生的，也就是必须具有时代的特征，或者说是时代的约束。超出了这个范围，无论是以今人的思想意识或者物质生活虚构于古人，或者以明清时代的情况虚构于唐宋，同样是违反了历史真实性，是非历史主义的。

片面强调联系约束的一面，把历史剧写成历史教材，那就不叫戏。反过来，片面强调区别的一面，如有些人所说的那样，文艺的真实性不同于历史的真实性，剧作家可以无须凭借历史记载，只凭马列主义理论和自己的生活体验，就可以写出符合历史唯物主义的历史剧来，这也是一种天真的缺乏严肃态度的说法。在我看来，有人一定要这样写，当然无从反对，只是，这种戏和历史实际一点关系也没有，可以叫什么什么戏，却不能称为历史剧。也要提醒这些先生们一下，历史是不许可捏造的，是不能凭自己的主观愿望虚构的。

第三，对历史记载的看法也必须澄清。有的人认为所有历史记载都是封建史家写的，记的只是帝王将相的事迹。由于他们的阶级立场，对农民、人民的活动就不能不有所歪曲、隐蔽，以至诬蔑，这个提法是正确的。问题是如何来对待现存的史料。他们从这个前提得出结论，认为过去的历史记载全都是不可信的，因而不能凭借。这样一来，就把我国无比丰富生动的历史资料一棍子打死了。这是一种对自己国家历史的虚无主义态度，是不科学的，因而也是错误的。当然，过去时代的历史家所写的记载都带上他们阶级的烙印，不这样写是不可想象的。当然，他们所最感兴趣的是帝王将相的活动。当然，他们仇恨农民起义，农民战争，看不起农民、工人。这些都是由他们的阶级本质决定的。当然，他们的记载，其中有许多是不可信的，有歪曲，有隐蔽，有诬蔑，甚至还有捏造呢。问题是用什么态度去对待这些历史记载，是全盘否定呢？是全盘接受呢？还是批判地继承？

无需多说，不管是全盘否定也罢，全盘接受也罢，都是不正确的，错误的，非马列主义的。只有老老实实学习毛主席的思想，运用辩证唯物主义和历史唯物主义的观点、立场、方法，批判地继承，去粗存精，去伪存真，由此及彼，由表及里，把死史料运用为活史料，密切结合当前需要，使浩如烟海的无比丰富的史料中某些优良部分，充分发挥其作用，古为今用，为今天的建设社会主义服务，才是唯一正确的可行的办法。

最后，也还要说一下，对旧历史剧我一点反对的意思也没有，只是不同意把某些旧剧强名为历史剧。其次，我认为对新历史剧的创作必须要有较高的标准——我们这个时代的标准，因为我们生活在这个伟大的无比幸福的时代。

1961年5月15日

（原载《文学评论》第3期，1961年）

卧薪尝胆的故事

卧薪尝胆的故事，发生在公元前494到473年这二十年间，离开现在已经有两千四百多年了。

我国是一个多民族的国家。两千四百多年前，在我国的东南部，以现在江苏省苏州为中心的有吴国，以浙江省绍兴为中心的有越国。吴国的统治者大概是从西北来的，传说和周王是一个家族。至于越国，那里的人们“断发文身”，头发剪得短短的，身上刺着花纹，显然和吴人是两个不同的民族。

当时的政治形势，许多国家分立，其中西北的晋国（今山西一带），南方的楚国（今湖北、湖南、安徽一带）最为强大。东方的齐国（今山东一带）曾经很强大，称霸诸侯，但这时候已经衰落了。晋、楚两国争夺领导诸侯的霸权，经常打仗。晋国为了要战胜楚国，便派人联络吴国。越国原来是楚国的一部分，楚国也派人到越国去，例如越王勾践的谋臣范蠡、文种都是楚国人。相反，楚国杀了伍子胥的父兄，伍子胥逃亡到吴国，作吴国的大将，带兵打败楚国。吴、越两国，吴帮晋国，越帮楚国，在政治上是敌对的两个国家。

在生产上，吴国比越国先进，公元前585年吴王寿梦即位以后，吴国日渐强大。第二年晋国的使臣到了吴国，教会了吴人使用兵车和训练军队的方法，劝他们进攻楚国。吴人接受了中原地区的先进的生产技术和文化，和中原诸国的来往也日渐加多了。越国的地势比较低洼，农业生产也比较落后。

从吴王寿梦到吴王阖闾这九十年间，吴国的生产日益发展，地域日益扩大，从当时许多铸剑的传说看来，铁已经应用到生产上来了，也很可能吴人已经学会了炼钢的技术，制造成锋利的宝剑。

公元前496年，吴王阖闾带兵进攻越国，兵败负伤而死。临死前要他的儿子夫差为他报仇。吴王夫差练了三年兵，公元前494年大败越兵，越王勾践只剩下五千多兵，被围困在会稽山上，派文种求和，伍子胥主张灭掉越国，劝吴王拒绝，文种用美女珍宝买通了吴王的宠臣太宰嚭，替他求情，伍子胥虽然坚决反对，吴王还是听信了太宰嚭的话，许和退兵。

越王勾践夫妇和范蠡被吴国拘囚了三年，勾践替吴王养马，受尽了屈辱。最后还是用贿赂通过太宰嚭说服吴王，吴王夫差拒绝伍子胥的谏诤，把越王君臣放回越国。

越王勾践回国之后，发愤图强，苦身焦思，夜晚睡在柴草里，办事的地方放一个苦胆，经常尝胆的苦味，也经常告诫自己："你忘掉会稽山的耻辱吗？"生活刻苦，自己参加农业劳动，夫人织布，吃饭只吃一样菜，穿的衣服也很朴素。和百姓同甘共苦。对有才德的贤人十分尊重，厚待过往的宾客，百姓有穷困的加以救济，生病和死亡的亲自慰问。和大臣们经常研究讨论问题，有好的意见立刻接受。

特别注意农业生产，开垦荒地，充分利用人力，适应农业季节，采用先进生产技术，这样做的结果，仓库充实了，百姓有余粮了，国家富足了。

在经济发展的基础上，修改了法律，缓刑薄罚，减少农民的负担，人民富足了。

为了人口蕃殖，增加人力的来源，法令规定青年人不许娶年纪太大的女人，老年人不许娶青年女子；女孩子十七岁不嫁，男孩子二十岁不娶，父母都要受罚。临产的派医生看护，生双胎男的送一壶酒一只狗，生双胎女的送一壶酒一只猪，生三个的公家给奶妈，两个的公家给养一个。

经过十年的积极生产，粮食和人口增加了，便转到军事训练方面，号召青壮年参加军队，铸造武器，练习战阵，更重要的是让全体人民都明白发愤图强的道理，"明耻教战"，上下一心，越国的落后情况完全改变了，后来人总结这二十年的经验为八个字："十年生聚，十年教训。"越国成为强国了。

为了孤立吴国，越国采取结齐、亲楚、附晋的方针，齐、楚都是吴的敌国，晋国呢，吴国自恃强大，要和晋国争霸。越国和齐、楚、晋三国都建立友好关系，同时，又对吴国表面上十分尊重，要粮食送粮食，要木材送木材，要美女送美女，使敌人麻痹，失去警惕。

和越王勾践相反，吴王夫差从战胜、臣服越国以后，便骄傲自满起来，自以为十分强大，向北发展，要在中原建立霸主地位。公元前484年，发兵北攻齐国，大败齐军。伍子胥反对攻齐，结怨邻国，吴王逼令自杀。伍子胥死后，吴国朝廷上便再也没有提不同意见的人了，吴王越发刚愎自用，尽情享乐，政治腐败，民生困苦。两年以后，公元前482年又亲自率领大军，北上到黄池（今河南封丘县南）大会诸侯，和晋国争霸。吴国这些年来，虽然打了多次胜仗，但是军队中的精锐部分都已消耗，人民负担重，过日子很困难，表面上看来很强大，实质上国力却已经衰弱了。

正当吴军北上的时候，越王乘虚发兵攻入吴都，俘虏了吴国的太子。吴王赶紧回兵援救，抵抗不住，只好向越国求和。公元前473年，越兵攻灭吴国，吴王夫差自杀。替越王说好话的太宰嚭自以为有功，也被越王所杀。越国从此称霸诸侯，和中原地区的先进生产技术、文化，有了更多的接触，越国的经济、文化面貌有了新的发展。一些不同的生活习俗，例如上面提到过的断发文身，也相应地改变了。以后，经过长期间的融合，越人就成为汉族的一部分，过去曾经存在过的民族间的差别、隔阂，日益消除，团结成为一个民族了。

正因为历史上曾经存在过吴、越两国敌对交战的史实，所以后来人往往形容敌对关系为“吴越”，例如孙子上说：“吴人与越人，相恶也。当其同舟济而遇风，其相救也如左右手。”

越王勾践立下雄心大志，发愤图强，他的卧薪尝胆的故事，两千多年来为人民所喜闻乐道，成为很著名的有教育意义的优良遗产。

（原载《光明日报》，1961年1月11日）

讨论的出发点

这几年来，各个学术部门先后组织了学会，经济、哲学、历史、医药、建筑、园艺等等学会，在百家争鸣、百花齐放政策的指导和贯彻下，发表了许多论文，举行了很多次学术讨论会，参加的人畅所欲言，各抒己见，蓬蓬勃勃，学术气氛活跃起来了，这是十分可喜的现象。

问题呢？问题也还是有的，例如，就某些讨论而说，就发生讨论的出发点问题。

不久前，在武汉举行的辛亥革命五十周年学术讨论会上，提出了几十篇论文，分组讨论，其中有若干篇是讨论矛盾的，开头几次还谈得很热烈，后来谈不下去了，因为这些篇论文一般都引用许多马克思列宁主义经典作家的词句，却很少联系中国的历史实际，结果是从理论到理论，理论是正确的，但是中国的历史实际呢？因为写得很少，很不具体，认真一推敲，就谈不下去了，只好不谈了。

这种现象虽然是个别的，不是学术讨论的普遍情况，却也应该引起注意。而且，追溯历史，这种现象也并不是现在才有的，而是好几年前就已存在的不良学风。

回忆前几年的情况，大致曾有过以下几种问题：

一种是对不上口径。讨论的人们引的都是经典著作，但是各人有各人的理解，有一些名词例如土地国有制，这个国究竟是什么意义，讨论者的理解就不尽相同。甚至对奴隶社会、封建社会的具体内容，讨论者也是各执一词，谈来谈去谈不到一起。又如资本主义萌芽问题，什么是萌芽呢？有的人把它等同于资本主义，一等同，萌芽就被摧折了，从历史实际上抹煞了。也有相反的论据，不但等同了，而且把它的历史时期拉得很早，唐、宋、元时代都有，明代后期已经成熟了。这样一来，中国早已进入资本主义社会，就不免使很多人彷徨起来，近百年来的半封建半殖民地社会往哪儿摆呢？到底存在不存在呢？既然不存在，反封建、反帝国主义的斗争又从何讲起呢？

另一种呢，张冠李戴。根据是人类社会的发展规律应该是一致的，一声开步走，不论哪个地区、哪个国家、哪个民族都得一二三四，齐步走。既然欧洲的封建社会时期很晚，中国又怎能那样早？既然马克思、恩格斯都说过东方存在着土地国有制，中国也是东方呀，怎么能够例外，当然非有不可！如此等等。

第三种呢，空谈对空谈。例如历史上的农民战争，少说些也有几百次，规模小的不说，大规模的也有十几次。各个历史时期的经济基础不同，历史情况不同，这次农民战争和那一次农民战争无论如何不会是双胞胎，一模一样的。但是说来却也奇怪，无论是教科书或是有些论文，却总是引用经典作家的话，把它们一般化了，总是那么几句，农民不堪封建统治者的残暴的剥削、压迫，起而反抗推翻了旧王朝，新的王朝接受了教训，对农民作某些让步等等。这些话当然都是正确的，但是并没有说清楚具体的历史实际。在有些讨论会上，所听见的也主要还是这一套，很少有人就某一次的农民战争作过具体的分析，从中引出结论，和另一次农民战争作比较有何不同，新提出哪一些问题等等。

争论也还是有的，但大体上也还是论对论的争论，甲引了经典作家这一句话，乙引了那一句，因而大争特争，事实上双方都没有弄清楚这一句话是在什么情况下、什么时间、什么条件下说的。结果也就争不出一个名堂来。

以上的情况，究其根源，问题只有一个，那便是讨论的出发点：研究、讨论问题应该从原则、概念出发？还是从具体事物、革命实际出发？历史实际出发？请看马克思是怎样说的：

> 我并不是从概念出发，从而也不是由价值概念出发，所以也不曾要把它“分割”。我由以出发的，只是劳动生产物在今日社会内依以表现的最简单的社会形态，这就是“商品”。①

恩格斯在《反杜林论》中也说：

> 原则不是研究的出发点，而是它的终了的结果；这些原则不是被应用于自然界和人类历史，而是从自然界和人类历史中抽象出来的；并不是自然界和人类要适合于原则，而是相反地，原则只有在其适合于自然界和历史之时才是正确的。

毛泽东同志在《改造我们的学习》中指出：

> 马克思、恩格斯、列宁、斯大林教导我们说：应当从客观存在着的实际事物出发，从其中引出规律，作为我们行动的向导。为此目的，就要像马克思所说的详细地占有材料，加以科学的分析和综合的研究。

问题不是很清楚吗？不应从概念出发，不应从原则出发，而应该从客观存在着的实际事物出发。马克思写《资本论》，是从商品出发的，应用于历史研究、讨论，当然应该从客观存在着的历史实际出发。而且必须详细地占有材料，加以科学的分析和综合的研究。

对于喜欢乱戴帽子的人们，列宁有一段话是值得深思的，他说：

> 从来也没有一个马克思主义者在什么地方论证过：俄国“应当有”资本主义，“因为”西方已经有了资本主义等等。②

至于论和史的关系，恩格斯说得好：

> 不把唯物主义的方法当作研究历史的指导线索，而把它当作现成的公式，将历史的事实宰割和剪裁得适合于它，那末唯物主义的方法就变成和它相反的东西了。③

---

①《资本论》，第一卷，108页。

②《列宁全集》，第一卷，171页。

③恩格斯：《给保尔·爱因斯特的信》，见《马克思恩格斯论艺术》（一），178页。

这段话对我们初学唯物主义的人来说，是当头的警钟，是指路的明灯，澄清思想的良药。

由此，可以得出结论，我们必须正确体会以上这几段话，反复思考，见之行动，无论是研究，是讨论，都必须从具体事物出发，从革命实际出发，从历史实际出发，也就是从实践提高到理论，再回来指导实践的这一著名公式出发，这样才会有正确的讨论出发点，从而养成有的放矢的、实事求是的马克思列宁主义的学风，达到真正的百花齐放、百家争鸣，促进学术的繁荣和昌盛。

（原载《前线》第3期，1962年）

论开会

人们决定要办一件事情，往往要找些人来商量、琢磨，大家出主意，正面的支持，反面的辩论，左右推敲，直到大家都认为是符合实际情况，应该作，也行得通，才能一致通过，作出决议，与会的人分工合作去做，这叫做开会。

要办好事情，就得开会，会是非开不可的。

但是，并不一定无论什么事情都得开会，譬如一些已经分工而又性质明确的工作，没有特殊情况，就不必开会。要是不分别事情的大小、轻重、性质，有必要和没有必要，一律开会，那就会使得会议泛滥成灾，不但与会的人疲于奔命，而且，这样做的结果，会使不必要的会冲掉必要的会，这样的会是开不得的。

必要的会一定要开，不必要的会一定不要开，这个道理看来很清楚。但是，可惜得很，我们中间有些人就是不清楚，好像有开会癖似的，不管三七二十一，一来就是开会，二来也还是开会，开无穷无尽的会，却从来不仔细考虑开会的意义和作用。不只他自己成天、成月、成年局促于会议室中，也拖进一批以至大批的人，和他共命运，应该说，这种情况是不很正常的。

这种有开会癖的人，喜爱开会的原因是多种多样的：一种是把开会看作是解决一切问题的唯一的灵丹妙方，凡事都依靠会议来解决。甚至有这样的人，如果不开会，他就像失了业似的，感到没事可干了。另一种呢，负了一定的领导责任，却实在分不清什么是主要的，次要的，以至不必要的，西瓜和芝麻、绿豆一般大，一齐搬到会议桌上来。又一种呢，优柔寡断，不敢大胆负责，明明是已经成熟和他分内该做必做的事，也拖一些人来左说右说。原因虽然不定，而根源却是一个，不了解开会的意义。

由于对开会的意义的不了解，对会前的准备工作自然也就忽视了，有的准备得不是很好，有的甚至没有准备。与会的人往往是到了会场才知道讨论的题目，事先没有思想准备，也就很难发表意见，一定要说，也苦于说不出一个名堂来。大多数人都提不出什么意见，这种会又如何能开好？甚至有过这样的笑话，有一次一个单位开了五六小时的会，过了晚上十二点了，与会的人都精疲力竭，忽然有人提出问题，就讨论涉及的主题来看，有好几个方面，我们今天到底是讨论什么，解决什么问题呀？这时候，主席也惶恐了，说我也弄不清楚。这个例子当然是个别的现象，但是确实发生过。

这种不重视开会的开会癖者，在思想认识中存在一系列问题，首先他不知道什么问题应该解决，如何解决，只是为了开会而开会。其次，就工作作风来说，也不能说是民主的，他找人来开会，却事先并不告诉人开什么会，解决什么问题，和这些问题的资料。这样，自然达不到集思广益的目的。对与会者呼之即来，挥之即去，也不是平等待人的态度。第三，尽管耗费了大量时间，却不解决问题，推进工作。他不尊重别人的劳动，不爱惜别人的时间，化有用为无用，这种作风，对社会主义的建设事业，无论如何也不能说是有益的。

总之，在我们中间，有一些人虽然开了一二十年的会，却还没有学会如何开会。

毛主席教导我们在军事上不打无准备之仗，同样，在政治生活中也不许可开无准备之会，首先要学好矛盾论，善于抓主要的矛盾，研究如何解决矛盾；问题提出来了，就需要事前作好充分的调查研究工作，对问题的资料、性质和解决的方法，作到心中有数。同时，还必需认真学习党的方针、政策，研究所提的解决方法是不是符合党和人民的要求。其次，要先期发出通知，包括讨论的题目和有关资料，使与会者能有充分的时间研究和考虑，准备意见。只有这样，提出了问题，经过会议的充分的讨论，不同意见的阐述，才能集思广益，发扬民主，从而解决问题，推进工作。

不开不必要的会，不开无目的的会，不开无准备之会，有所不为才能有所为，这样，会的次数可以大大减少，必要的会也才能开好。要重视开会，也要善于开会。

（原载《前线》第7期，1962年）

说道德

道德是不是永恒的，终极的，从此不变的，万古一致的?

恩格斯对这个问题作了科学的回答。他在《反杜林论》中说：

> 所有已往的道德论，归根到底都是社会当时经济状况的产物。而因为直到现在社会是在阶级对立之中发展，所以道德总是阶级的道德；它或者是为支配阶级的统治和利益辩护，或者是当被压迫阶级足够强大之时，它表现对于这个统治的抗争，而代表被压迫者的将来的利益。①

所谓阶级的道德也就是统治阶级的道德，它是为统治阶级利益服务的，统治阶级利用道德来说服、控制、剥削被压迫的臣民，并通过各式各样的办法进行它们的“道德”的宣传、教育。这种统治方法有时候比严刑重罚更有效，这是因为：“支配着物质生产资料的阶级，同时也支配着精神生产的资料，因此，那些没有精神生产资料的人的思想，一般地是受统治阶级支配的。”②这样，统治阶级的道德论在一般情况下，也就成为被统治阶级的道德论，巩固统治阶级的统治了。

在我国漫长的封建社会里，地主阶级建立了巩固的统治权，不管换了什么朝代，是姓刘或姓李的作皇帝，不管是哪个民族取得统治权，是汉族还是女真、蒙古，统治阶级的道德并没有改变，道理很简单，因为变来变去，还是地主阶级的统治。

地主阶级道德论的核心，就是阶级的统治，要严格维持阶级秩序，从

①恩格斯：《反杜林论》，96页，北京，人民出版社，1961。

②马克思、恩格斯：《德意志意识形态》，见《马克思恩格斯全集》，第3卷，52页。

理论到房屋、衣服、车马、称谓、法律等等，都按照这个原则，丝毫不许紊乱。

著名的孔夫子就要人们维持君君臣臣父父子子的阶级秩序。教忠，教孝，修身齐家、治国平天下。因为他的学说是维护封建秩序的最有利武器，所以被称为圣人，两千多年来，任何王朝都崇敬他，让他永远在孔庙里吃一块冷猪肉。

孔子和他的后继者的学说，成为教育全国人民的经典，许多世代以来，人们都把他的学说作为判别是非的准绳。

妇女在参加生产劳动的时候，是有社会地位和政治权利的。但是在封建社会里，妇女只能参加家务劳动，甚至不参加劳动，社会和政治地位都大大降低了。到了宋朝，儒家们又提倡妇女守节，高大的石头牌坊，就不知道逼死了多少青年妇女，和难以数计的寡妇在礼教的压迫下，度过凄凉寂寞的岁月。

小说戏剧里经常说的“君要臣死，不得不死，父要子亡，不得不亡”，便是封建社会道德论最集中的表现。

现在，社会变了，地主阶级的统治一去不复返了。它们的道德论也随之而失去时代的意义和作用了。这是不容怀疑的。

问题是封建社会的道德论的某些部分，有没有值得今人批判地继承的地方？

我以为是有的。

例如忠，过去要忠于君主，今天呢，难道不应该忠于国家，忠于人民，忠于社会主义建设事业？

又如孝，对父母要好，父母年老了，丧失劳动力了，子女难道不应该照顾父母？

至于诚实、勤劳、勇敢、刻苦耐劳、雄心壮志这些美德，难道不都可以移用在今天？

不止是封建道德，就是资产阶级的道德，精打细算，多方赚钱，难道不应该成为社会主义经营管理企业的一条重要原则？当然，本质改变了，资产阶级靠剥削工人，为自己个人赚钱，社会主义的企业经营管理则在工人的自觉努力下，为国家，为人民增加财富，改变一穷二白的面貌。

由此看来，道德是阶级的道德，道德是随着阶级统治的改变而改变的。但是，也还有另一面，那就是无论是封建道德，还是资产阶级道德，无产阶级都可以批判地吸取其中某些部分，使之起本质的变化，从而为无产阶级的政治、生产服务。

在文学艺术领域中，牵涉到古代历史的时候，要求古人具有今天的社会主义道德，无疑是错误的。但另一极端，以今人的道德水准去衡量古人，以为古人一无足取，没有值得批判继承的东西，看来也是不正确的。至于目前在争论中的，封建时代的农民有没有这种那种观点的问题，我看，读读上面所引的马克思、恩格斯这两段话，也就可以解决了。

（原载《前线》第10期，1962年）

说谦虚

“谦受益，满招损”，这两句经过无数世代、无数次实践总结出来的经验，流传到今天至少有两千多年了。这是普遍真理，任何地区、时代都适用的真理。这条真理指出了人们成功和失败的道理。但是，可惜得很，并不是所有的人们都能从这两句话受到教益。

人们对事物的认识是需要一个过程的，对于新的事物，总是从不认识到认识一些，认识得更多一些，从无知到有知，这是一个不可违反的客观规律。先知先觉，对新萌芽的事物，一露头便能认识其全部意义、内含规律的人是不存在的。相反，所贵于先知先觉的，正是因他们具有丰富的实践经验，能够认识这是个新事物，是萌芽，对之采取欢迎、扶植、研究的态度，时刻注意，逐步增加认识、理解，达到更多的更完全的认识，使之成为人们共有的知识，都能认识的事物。先知先觉之所以能够这样做，正是因为他们首先有了很多知识，而又承认自己知识不够：“吾生也有涯，而知也无涯。”对待事物采取谦虚、谨慎、严肃、认真的态度。

当然，有更多的人并不是这样对待新事物的。他们满足于已有的知识、经验，满足于当前的环境，对新事物的出现，一看脸孔陌生，不是采取怀疑的态度，不加理睬，不去注意，就是大喝一声，哪里来的异端！一棍子打死。这样的例子举不胜举，在自然科学发展的历史中，有不少科学家认识了真理，并且坚持了真理，结果被过去愚昧的统治者杀死、烧死，他们的学说、著作也被禁止、焚毁。但是，人可以被处死，书可以被烧毁，真理却是杀不死、烧不坏的，不但一直流传下来，而且愈来愈发出灿烂的光辉。

不过，话也说回来，人们对新事物的认识也还不是一帆风顺的。正因为不认识，所以很容易犯错误。人们总是从不断犯错误中增长知识的，“吃一堑，长一智”便是这个道理。认识有个深化的过程，需要时间，更需要不断的试验，在这个问题上害急性病，要求在很短时间，不经过试验，不犯一些错误，就能全部掌握新事物的规律，这种人只能是主观主义的唯心主义者。

社会主义建设事业对于我们来说，是个全新的事业。要认识、掌握建设的规律、法则，是需要一个认识深化的过程的。在建设工作中，犯一些错误，有一些缺点，是难免的。问题是对待错误、缺点的态度。只要能够不断发现错误、缺点，而又能够不断改正这些错误、缺点，从错误、缺点中学会新的知识、本领，便可以达到知识、经验的不断深化、完全的过程，从而逐步掌握规律，达到胜利。

研究学问也是如此，没有一个学者是全才全能的，像旧小说所写的“诸子百家，无所不晓，九流三教，无所不通”。这样的人物只能是虚构的。在科学日益发达的今天，学术分工愈益细密了，以此，不但通晓所有各种科学的人并不存在，就是对于自己所专门研究的学科来说，也还是有大片的空白园地，广大的未知的领域存在。不认识这一点，学术的进步、提高就会受到损害。以此，学术研究工作者也必须抱谦虚、谨慎、严肃、认真的态度，首先要承认自己知识不够，才能去探索、研究这未知的领域，并且要下定决心，不怕失败，要从不断失败中丰富知识，把未知的领域逐步缩小，从而提高学术研究的水平。在这个问题上，采取自满的态度也是不行的。

总之，在任何工作中，都要记住这两句话：“谦虚使人进步，骄傲使人落后。”

（原载《前线》第13期，1962年）

再说道德

《说道德》一文发表后，好几位热心的朋友写信来，提出了一些意见。这是非常值得欢迎的。

在《说道德》一文中，有这样一段："由此看来，道德是阶级的道德，道德是随着阶级统治的改变而改变的。但是，也还有另一面，那就是无论是封建道德，还是资产阶级道德，无产阶级都可以批判地吸取其中某些部分，使之起本质的变化，从而为无产阶级的政治、生产服务。"

这个论点有一些人不赞成。主要的理由是无产阶级怎么能、怎么可以继承封建地主阶级、资产阶级的东西？要是能、要是可以的话，阶级立场到哪儿去了？

这里应该说明几点：

我们所说的继承，应该是批判地继承，是继承其中好的部分，决不可以认为连地主阶级的剥削、压迫也继承下来。

批判地继承是完全必要的。无产阶级若不善于吸取过去统治阶级某些优良的东西，甚至完全摒弃，那么，看来只有向古代的无产阶级继承，或者自己来凭空创造了。问题是在古代，无产阶级并不存在；自己凭空创造呢，也不大可能，列宁不是说过吗？"无产阶级文化并不是从天上掉下来的，也不是那些自命为无产阶级文化专家的人杜撰出来的。这完全是胡说。无产阶级文化应当是人类在资本主义社会、地主社会和官僚社会压迫下创造出来的全部知识发展的必然结果。"[①]在广义的范畴来说，道德是属于文化范围的。

---

①列宁：《青年团的任务》。

最根本最重要的是封建地主阶级的道德有没有值得批判地继承的问题。

这里只举两个例子，一个是孟子，一个是文天祥，这两个历史人物的阶级地位很清楚，决不是无产阶级，也不能算人民大众，而是标准的典型的封建地主阶级的代表人物。

孟子和他的学生讨论大丈夫的定义："景春曰：'公孙衍、张仪岂不诚大丈夫哉！一怒而诸侯惧，安居而天下熄。'孟子曰：'是焉得为大丈夫乎？子未学礼乎？丈夫之冠也，父命之。女子之嫁也，母命之，往送之门，戒之曰：往之女家，必敬必戒，无违夫子。以顺为正者，妾妇之道也。居天下之广居，立天下之正位，行天下之大道，得志与民由之，不得志独行其道，富贵不能淫，贫贱不能移，威武不能屈，此之谓大丈夫。'"①孟子斥责公孙衍、张仪为妾妇之道。他认为大丈夫的标准应该是个这样的人：富贵不能淫，贫贱不能移，威武不能屈。这是封建时代的道德，也是我们中华民族的光辉传统，在古代历史上曾经有过这样标准的无数伟大人物，在近现代的革命史中，也出现过符合这个标准的无数烈士和英雄人物。

文天祥在他有名的《正气歌》中，指出：

时穷节乃见，一一垂丹青：
在齐太史简，在晋董狐笔，
在秦张良椎，在汉苏武节，
为严将军头，为嵇侍中血，
为张睢阳齿，为颜常山舌，
或为辽东帽，清操厉冰雪，
或为出师表，鬼神泣壮烈，
或为渡江楫，慷慨吞胡羯，

①《孟子·滕文公下》。

或为击贼笏，逆竖头破裂。[1]

在环境特别困难时，在是和非，忠和逆，正义和不义的抉择中，这些历史人物（包括文天祥在内）都牺牲或者敢于牺牲自己的生命，保持了孟子所说的大丈夫的品德。这些人物虽然都是地主，都是官僚，但是，在和恶势力斗争中，他们却都是大丈夫。

从这些封建时代的言论和人物的表现中，对照我们无产阶级的道德标准，不是可以看到道德是可以批判地继承么！

（原载《前线》第16期，1962年）

①文天祥：《文山全集》卷十四。

谈火葬

火葬自古有之，不从今日始。有人以为直到现在我们才提倡火葬，这是错误的。

有的人认为火葬只是佛教徒习用的丧葬方法，自佛教传入以后，非佛教徒才跟着学的。例如《搜采异闻录》就说：“自释氏火葬化之说起，于是死而焚尸者所在皆然。”这是不对的。因为根据文献材料，从佛教传入以前，或者佛教并未流行的地区，就已经有火葬的习俗了。例如《列子》里说，秦国的西面有个义渠国，人死了，堆积柴火，把他烧化，柴烟上升，叫作“登遐”，这样，才称为孝。《荀子》也说，氐、羌地区的人民，不怕别的，就怕死后不给他烧化。由此看来，在古代，我国西部的一些少数民族是习惯于火葬的，认为火葬是好事。

契丹族的平民也有火葬的习俗，如宋张舜民《画墁录》在记了辽使死后的葬法以后，就说“贱者则燔之以归”。五代石晋是沙陀族，石敬瑭的皇后李氏和妃子安氏在被俘到建州病死后，也都是火葬。

汉人中有一些地区也有火葬的习俗，古代的文献虽然无可查考，但至少在十世纪左右是有明文记载的。例如史书记载山西地区地狭民稠，最亲近的人死了，也用火葬。韩琦镇并州（今山西阳曲）时，用公家的钱买了几顷地，提倡土葬。但是，看来民间还是沿用火葬的方法，因为不久以后，公元1091年，范纯仁镇太原的时候，还是“河东地狭，民惜地不葬其亲”。范纯仁只好叫他的下属收拾无主的烧掉的骨头分别男女安葬，达几万具尸骨之多。由此可见，火葬在这个地区是很流行的。

东南地区也是如此。《宋史》记：“绍兴二十七年（公元1157年）禁民间火葬投水中者。”由政府颁布法令禁止火葬，可见火葬流行之广。但是这条法令并没有得到贯彻，《宋史·礼志》说：“绍兴二十八年，户部侍郎荣薿言：比因臣僚陈请禁火葬，令州郡置荒闲之地，使贫民得以收葬，诚为善政。臣闻吴越之俗，葬送费广，必积累而后办。至于贫下之家，送终之具，唯务从简，是以从来率以火葬为便，相习成风，势难遽革。况州县休息之久，生齿日繁，所用之地，必须宽广，仍附郭近便处，官司以艰得之故，有未行标拨者。既葬埋未有处所，而行火化之禁，恐非人情所安。欲乞除豪富士族申严禁止外，贫下之民并客旅远方之人，若有死亡，姑从其便……诏依。”由此看来，经济条件是决定当地人民葬俗的根本因素。山西、江苏、浙江等地，人口稠密，耕地不够，除了贵族、官僚、地主以外，一般贫苦百姓，是葬不起土葬的，甚至中等以上的人家，也乐于火葬，如宋周辉《清波杂志》所说：“浙右水乡风俗，人死，虽富有力者不办蕞尔之土以安厝，亦致焚如。”正如《中说·天地篇》所说的：“古者不以死伤生，不以厚为礼。”死人不应该和活人争地，火葬是节约农业用地的好办法，广大人民是乐于采用的。

正因为火葬在民间有深厚的经济基础，政府有禁令也不管事。公元1260年，吴县尉黄震还写报告，请求把通济寺焊人空亭取消。并且说：“自宋以来，此风日盛，国家虽有漏泽园之设，而地窄人多，不能遍葬，相率焚烧，名曰火葬，习以成俗。”元朝也是盛行火葬的，《明通纪》载：“洪武三年（公元1370年）令天下郡县设义冢，禁止浙西等处火葬水葬。凡民贫无地以葬者，所在官司择近城宽闲之地，立为义冢。敢有习徇元人焚弃尸骸者，坐以重罪。命部著之律。”黄瑜《双槐岁钞》也有相同记载，并说是明太祖和陶安登南京城楼，闻到焚尸气味以后，才决定下禁令的。但是，有了法律条文禁止也还是不发生作用，黄汝成在《日知录》火葬条的案语说：“火葬之事，杭城至今犹沿其俗。”便是证明。

（原载《前线》第19期，1962年）

论戏剧改革

建国以来，戏剧改革工作取得了很大的成绩。特别是从贯彻百花齐放的政策以来，各地方剧种纷纷含苞吐艳，剧坛上万紫千红，走上了有史以来所从未有过的百花齐放时代。成绩是肯定的，但是，戏剧改革工作还远远没有完成，许多传统剧目程度不同地存在着毒素，或者不健康的东西。

随便举几个例子：《武家坡》（《红鬃烈马》）这本戏，表现的主题思想是什么东西呢？王宝钏对薛平贵的恋爱，并不是志愿相投，互相爱慕，而是通过迷信，认为这个男人将来有帝王之分，爱的并不是具体的人，而是未来的帝王！尤其恶劣的是，当她苦守寒窑十八年，鸿雁传书，薛平贵回窑，百般调戏侮辱之后，拿出金印，她立即跪下讨封，苦守十八年的目的原来如此！等薛平贵说出已和代战公主结婚，她又甘愿当小老婆：“她为正来我为偏。”下贱到这般地步！当然，在“三击掌”这出戏里，写她和父亲王允的斗争，倒有点骨气，还有可取之处。不过这和后来剧情发展是相矛盾的，这点骨气竟被那“荣华富贵”糟蹋得差不多一干二净了。

薛平贵是什么人呢？唐朝的士兵，和西凉作战，被俘投降，作了敌国的驸马，是个叛徒。回来以后，又篡了唐朝的位，作了皇帝，坐上宝座，也还是个叛徒。薛平贵根本不是可以称道的正面人物，他终极的目的只是做皇帝。如此而已，岂有他哉！

历史的根据呢？半点影子也没有。有人说西安附近有寒窑，古迹可证。这又有什么呢？黄土高原一带的窑洞多得很，岂止一个而已。又有人说，可能是影射郭威的事，郭威的老婆姓柴，他也没有投降过敌国，和这个故事毫不相干。

写一个利禄熏心，醉心于皇冠，甘愿当小老婆的女人，写一个无耻地投降敌国，戏弄妇女，彻头彻尾自私透顶的男人，这个戏要达到什么目的，起什么作用，不是很明显吗？因此，这个戏不能照原本演出，必须加以彻底的根本的改造，或者择其善者而存之，把坏的地方统统去掉。

另外，还有一种戏，虽然不像《武家坡》那样有严重的问题，但是却存在很多不健康的东西，或者不能适应于今天的需要，也必须加以改革。如《辛安驿》这个戏，原来的本子据说有黄色趣味，新本子把这些去掉了，干净些了，这当然很好。但是，从演出效果看，还有不少问题，需要继续地改。一个开黑店的女孩子，在发现了被她麻醉倒的旅客是个美貌男人之后，一见倾心，把他弄醒，就要结婚。男的百般推阻，女的又百般挑逗，最后才发现这个男人是女扮男装的，就大生其气。一会儿又来了一个真男人，是女扮男装者的哥哥，她又和这男人结婚去了。成年的女孩子，一看到长得好一点的男人就要嫁，而且马上就成亲，弄错了一个，又偶然碰到第二个，这种饥不择食的情节，对今天的未婚青年男女来说，有什么意义？起的什么效果？这是值得戏剧工作者认真考虑的问题。剧本已经开始改了，好一些了，但是还需要继续努力，再接再厉，不可中途而止。

戏剧工作必须为当前的政治服务，这一前提是不会有不同意见的，问题是如何服务，更进一步是如何更好地服务？

我国的戏剧遗产是无比丰富的。有完全适合今天需要的好戏，也有必须禁演的坏戏，这两部分在整个旧剧目中都占少数，而大量的是精华和糟粕并存，必须加以改革，才能为当前的政治服务，服务得更好。这项任务很复杂，也很艰巨，但现在已是必须提出和解决这个问题的时候了。

至于观众，大家是渴望改革的，对演坏戏是不满意的。也许有少数人会说，某些观众对原来的传统戏听惯了。爱听，因此，可以不改。这条理由是站不住脚的。我们不能迁就少数观众的这种落后情绪，应该从广大群众的需要出发，从文艺的战斗和教育作用着眼，在百花齐放、推陈出新的方针指导下，认真把戏剧改革工作抓起来。比如，首先组织一批力量，改出五十到一百个好戏，就为观众造福不浅了。

（原载《前线》第12期，1963年）

谈学术研究（一）

最近一些日子，有不少高等院校的中年教师来谈话。说是中年，因为他们年龄都在三十到四十岁之间，说是教师，因为包含着不同的级别，有教授、副教授，也有教员。

谈的都是有关高等院校教师学术研究的问题，各人都有自己的看法。

其中之一，两年前经常有学术论文发表的，这两年辍笔了，因为怕人家批评。我说，人家批评对了，应该接受，批评得不对，也应该本着百家争鸣的精神，逐步求得统一的认识，这有什么可怕呢？一个人民教师，由于害怕批评，不作研究工作，这不是无产阶级的作风，不是坚持真理的态度。

另外一个，他认为教师的任务是教好书，教学第一，至于学术研究，那是科学院研究员们的本分，学校教师如做学术研究工作，就是越俎代庖，没有做好岗位工作。我也不禁反问一句，不做结合教学的学术研究工作，教学质量怎能提高？又怎能教好书？要是所有教师都只抱着教材照本宣科，那么，高等院校的每一种课程，国家只要设置一个广播员就可以了，何必要聘请这么多的教师，白吃人民的饭！

第三种看法是要做学术研究，但是只能搞专门的、高级的以至尖端的，也就是说只能做提高工作。至于普及工作，把知识普及于人民，根本不是教学人员的任务。要是做这种工作，那就降低了身份。我也问他，认识你这么多年了，好像还没有看到你的专门著作呀？他只好腼腆地说暂时还没有。我又问，那么你的意思，普及工作由谁来做呢？他想了半天，说没有想过。我又追问，你一不做提高的工作，二不做普及的工作，到底是什么身份呀？他只好王顾左右而言他，把话岔到别处去了。

看来这些朋友都对学术研究有不同的误解。这些朋友所在的院校或系科，可能还没有建立认真作学术研究的良好学风。

必须明确指出，要教好任何一门课程，使学生获得必需的、基础的知识，教师必需付出辛勤的劳动，认真做好学术研究工作。当然，教这门课的教师不一定是这个课程的专门学者，但是他必需具备这样一些基础知识，那就是这个课程发生和发展的过程，哪些学术问题已经解决？是如何解决的？哪些没有解决？争论的中心是什么？哪些问题尚待研究，已经有哪些人在研究，发表了一些什么意见？国际和国内已经达到的水平等等。而要通晓、掌握这些知识，不做学术研究工作又怎么行？不了解这个课程如上所说的基本情况，又从什么地方去提高，经过努力，攀登学术的高峰呢？

认真作了学术研究，把研究成果发表，一方面起交流的作用，一方面也起切磋的作用，通过不同意见的讨论以至争论，认识逐渐明确，从而取得一致，这是一个有效的提高学术水平的必要步骤。

当然，片面地强调学术研究，自封为学者、专家，不去认真备课，以至不认真讲课，那也是不对的，错误的。

教学第一是正确的，但是要切实搞好教学工作，也就必须做好学术研究工作，把两者割裂以至对立起来，无疑也是错误的，有害的。

提高和普及必须结合，在提高指导下的普及，在普及基础上的提高，是相辅相成的。把研究成果以通俗的形式普及给人民，在这个基础上，才有更大更快更多的提高，那种片面强调提高，实际上任何工作也不做的人是站不住脚的。

我认为这些问题必须正确解决，也只有解决了以后，教学质量才能提高，学校才能办好。

同时，也建议高等院校的所有教师，每学期至少必须提出一篇研究论文，升级的业务标准应该是教学质量和研究成绩并重。对于有些教了若干年书，只会依样画葫芦，吃多年前的存货，从来不做研究工作，今后也不打算做的人，建议第一不可升级，第二加强思想教育。这个意见，据说有的院校确是这样做的，但就我所知，还有不少院校并没有这样做，所以还值得在这里提出。

（原载《前线》第15期，1963年）

谈兴趣

为自己个人的兴趣而工作，还是为党的事业、人民的事业、社会主义建设的事业而工作？这个问题，在少数应届的各级学校毕业生和已经参加工作的干部中，并不都是已经解决好了的。

兴趣是什么？是个人的爱好。个人的爱好千差万别，例如就学科说，有的对数学有兴趣，有的却对文学有兴趣，就文学说，有的对古典文学有兴趣，有的却对现代文学有兴趣，也有的对外国文学有兴趣；就生活爱好说，有的爱画画，有的爱唱歌，有的喜爱体育活动，有的爱跳舞，有的爱钓鱼，有的爱打桥牌，如此等等。

兴趣应不应该尊重？只要是正当的，不妨碍工作，当然应该。有人喜爱数学，或者喜爱体育运动，有人在业余时间钻研绘画，休息时间打打桥牌，又有什么不可以呢！

问题是兴趣应不应该成为就业的唯一条件，这就值得讨论、研究了。

我们的国家是社会主义制度的国家，是有计划有领导地建设社会主义的国家，在建设工作中必须有计划，必须分别轻重缓急，这是大家都理解的。因此，在人事安排上，也必须就建设计划规模来合理分配。工业是重要的，但决不可能把所有的人都分配到工业方面去。理由很明显，一来，工业方面容纳不了这么多人，也不需要；二来，假如都分配到工业方面去了，其他建设战线的工作谁来承担呢？难道其他部门就可以不继续发展、建设了吗？

个人兴趣应该尊重，但必须服从全局的安排，必须正确处理个人和集体、和全局的关系，和社会主义建设的关系，此其一。

兴趣是可以培养的，任何个人的兴趣，尽管千差万别，却万变不离其宗，都是从实践中培养出来的。天生的兴趣，一出娘胎便带来的兴趣是不存在的。形形色色的兴趣不外是家庭的、学校的、社会的影响的产物，而且会带有阶级的烙印。既然如此，例如一个对文学有兴趣的人，被安排到农村、到山上、到渔场去工作，开头当然不懂，不内行，但是只要思想认识问题弄清楚了，不懂就学，不内行就要通过实践、钻研，变成内行。通过实践，第二兴趣，工作中的兴趣不是便培养出来了吗？而且这第二兴趣并不妨碍第一兴趣，你依然可以保持文学的爱好，业余时间是第一兴趣广泛驰骋的自由天地，把工作中的实际，新事物的认识，用文学形式表达出来，不但满足了自己的兴趣，还可以启发更多的人下乡、上山、下水，这样，文学的兴趣不是就发生了正确的有意义的作用了吗？

从实践中培养工作兴趣，专业兴趣，同时也可以保持原有的兴趣，为当前工作更好地服务，此其二。

更进一步，由于认识的深浅差别，家庭、教育、社会各方面影响的某些偶然性，原来的兴趣也不一定是最终的兴趣。在实践生活中证明，有些人自小爱好音乐，到长大了发现并不适宜于在音乐方面发展，改弦易辙，成为别一方面的爱好者。相反的，有数量众多的革命前辈，他们之中极大多数从来没有学习过军事，只是由于革命斗争的需要，参加了军队，经过长期的锻炼，成为军事统帅，为人民做出了有益的贡献。这不是深切显明的例子吗？又如鲁迅，大家知道他原来是学医的，可是他一辈子没当过医生，在和反革命的文化斗争中，他成为革命文坛的主帅。

由此看来，兴趣是可以改变的，要服从革命的、建设的需要而改变，重要的问题还是对于革命、建设的认识，在于实践，在于善于学习，此其三。

强调个人兴趣，认为是不可改变的，这是错误的。要国家的计划分配，无原则地服从个人的兴趣，不顾全局、国家的利益，则更是错误的。当然，在国家计划分配和个人兴趣相统一的前提下，个人的兴趣得到更有利的发展，是件好事，但是，也决不能保证个人今后就不会因为新事物的发展而改变兴趣了。相反，在国家计划分配和个人兴趣不一致的情况下，只要有全心全意为人民服务的精神，由于接触到前所未曾接触的新事物，就会在实践中培养新的兴趣，从而作出一番新的有益的，甚至是前人所不曾梦想过的事业来。

（原载《前线》第18期，1963年）

谈写村史

中国是最富有历史传统的国家，不但各个朝代的历史没有中断过，而且各种体裁的历史，也是万紫千红，开遍于广阔无垠的历史园地。特别是地方志，从《越绝书》到现在，内容有省志、府志、县志、镇志、山志、庙志、学校志、机关志等等，除了散佚的以外，保存到今天的，还有七八千种之多。这个好传统，真是值得我们自豪，应该批判地予以继承的。

我们现在正在提倡撰写村史、队史、社史、厂史、街史等等。从形式上看来，也是属于地方志范畴的。一方面既有悠久的传统可以批判地继承，一方面又有不少的同志在辛勤写作，看来困难是不会很多的。

但是，问题决不是这样简单，当前我们要写的村史等等，就形式上笼统地说和过去的地方志是一回事，就实质上看却正好是截然不同的两回事。

先说实质，过去的地方志，主要是记录那些卫护封建统治阶级利益的人物，如官僚、文人、节妇、烈女等等，有一部分记录地理形势的，也是偏重风景，如八景、十景之类，没有什么意义。当然，纯属自然地理部分，如物产、赋役、灾异、农民起义等等史料，是有一定的参考价值的。

我们今天要写的村史等等，应不应该照搬这一套呢？当然不可以。恰恰相反，写的是它的反面，我们要写的是生产斗争，即和自然界斗争的历史；要写的是阶级斗争的历史，推翻压在人民头上三座大山——帝国主义、封建主义、官僚资本主义的历史；要写的是科学实验的历史，总结人民的优良经验和经过科学实验的成功经验的历史。我们要拿这些珍贵的东西，教育我们自己和后代子孙，不断革命，不断进步。

就形式说，笼统地说是一回事，具体深入研究一下，却又不全是一回事了。当然也应该有记述地理形势的篇幅和简明的地图，天文分野就可以不要了。八景、十景之类硬凑的庸俗杂烩，当然也可以不要。人物是应该有的，不但要有，还要大书特书，难道对那些流血牺牲的烈士、坚贞不二的无产阶级战士、在生产斗争中的劳动英雄，不该突出地恰如其分地予以记录和歌颂吗？更重要的是必须生动地刻划出生产斗争、阶级斗争、科学实验的实际，这是村史等等的核心，也是和旧地方志根本不同的特征。至于歌颂烈士、战士、英雄们的诗歌，有内容而又有文艺价值的当然也可以搜集一些，作为附录。

如何写法？倒可以百花齐放，不拘一格。流水账，按时间先后，平铺直叙的写法，看来是不行的。主要事件可以用大事纪的写法，按年月先后摘要排列，放在书前、书后都可以。

看来可以分作三个主要部分，阶级斗争、生产斗争、科学实验的历史。

这三个部分可以分别写，也可以穿插着、综合地写，要看具体情况决定。人物不必单写列传（个别的当然可以），有重点地突出地出现在各个斗争中，把人和事结合起来，既可以避免重复，也可以叙述得生动活泼一些。

如何落笔？以事为纲，选择关键性的事件，突出叙述，以点带面，以事叙人，以主带次，是一种写法。以人为纲，选择重点的主要的人物，刻划其斗争经过，以人叙事，阐明党的领导作用，也是一种写法。事，不必只是一件两件，可以叙述很多，但要分清主次轻重。人也是如此。事，要写正面，也要写反面，进行对比，也便于叙述，不然，只写正面，不写反面，斗争便无从说起了。人也是如此，正面人物要有特写，反面人物也要给他画个脸谱。但是，有一条原则，以正面为主，反面的叙述只是起衬托作用，不这样，反面的东西超过正面，那就很不应该了。

文字要力求简练、通俗、明白易懂，偏僻的名词最好避免或少用，非用不可的要加以解释。地方性的语言也是如此。

写好了村史等等，也就为今后的中华人民共和国史打下了良好的基础，这是一桩史无前例、超越前人的伟大著作，是应该得到各方面的支持和鼓励的。我们期待着北京市和其他兄弟省市村史等丛书的出版，并且相信他们的努力一定会得到成功。

（原载《前线》第22期，1963年）

再谈编写村史

如何编写村史，已经谈过一次了，但是不够具体，有的同志看了，认为还应该多说一些。因为当前在广大农村中，除了生根在农村的知识青年以外，还有成千上万下去帮助工作的各个战线上的同志们。他们之中，有的是音乐家，有的是诗人，有的是作家，有的是教授、讲师，有的是文艺工作者，有的是哲学社会科学工作者，有的是机关干部，等等。他们有文化，有政治水平，有工作热情，也大部分都热心于帮助或者自己动手编写村史，但是不一定都有编写历史的训练和经验。为了把村史写得更好一些，多说一些，他们是会热忱欢迎的。

为此，我们最近举行了一次编写村史座谈会，到了三十左右的人，其中有写过村史的，也有没有写过而对写村史有兴趣的，大家谈得很多。这里，把大家所提的意见，综合一下。

第一先谈目的。

编写村史的目的是记录过去和当前的阶级斗争、生产斗争和科学实验，总结经验，把建设社会主义社会新农村的工作，大大地推进一步；是为了教育我们自己，也为了教育我们的下一代，让他们知道、认识眼前的好日子，不是什么人恩赐的，而是经过严重的残酷的斗争，付出了血的代价取得的，必须时刻提高警惕，保卫胜利的果实。同时，尽管日子是过得好一些了，但是离目标还远，离共产主义还远，决不可以满足于已有的成就，而要再接再厉，奋勇直前，克服一切困难，把社会主义的建设事业进行到底。

那么，就要重点突出地记录斗争的史实，作为一条红线，不要平铺直叙，闹个没有中心，啥也都说，啥也说不清楚。

第二谈时限。

写历史总得有时限，从什么时候起，到什么时候止。既然写的是为了进行阶级教育的村史，就要着重写农村发生重大变化的历史，也就是革命的历史，要强调今昔对比，而不要说得太远，离题万里，我国农村长期在封建压迫之下停滞不前，直到解放前后，才发生翻天覆地的、史无前例的变化。以此写村史的时限大约是解放前后的三四十年，上限最好不早于解放前二十年，下限直到最近。当然，在某些地区，例如江西苏区，上限就必须提前一些。但是，无论如何，总不能像旧地方志一样，从夏商周说起。

第三谈内容。

历史和地理是分不开家的。要把村史写好，就得把这个村子的地理环境，也就是物质基础说清楚。例如坐落在什么地方，点清位置，有什么山，有什么河，有多少土地，人口，主要的作物，社会风习，信仰习惯等等。有些村子还得说清楚它和地理上最近的城市的关系。也要说清楚人口中，工人有多少，农民有多少，商业工作者多少，知识分子多少，地主富农多少，点清了阶级情况。这部分综合起来可以叫作概况。当然也可以分开写，例如有的同志就分别标题为山水篇、物产篇、风俗篇等等。

概况谈清楚了，就可以写关键性的大事。

大事可以以事为纲，例如成立互助组、合作社、高级社、公社等等；在某些地区，过去年代曾经英勇地对敌斗争过的，也可以以此为题材，进行革命的传统教育。事是要人做的，从叙事中描写有关的人物和斗争，这种写法，有点像旧史家的纪事本末体。

也可以以人为纲，某些突出的有贡献的模范人物、英雄、烈士，都可以作为传记的主人，通过人的活动来叙述关键性的大事。可以写个人的传记，也可以写几个人的合传，这种体裁，有点像旧史家的传记或人物志，所不同的是我们的传主恰恰是他们传主的对立面，奴役和压迫的对象。以上写事和写人，都可以叫做特写。

有些事情是重要的，但是不一定都写在上面所说的两部分里面，不写呢，又可惜，办法是把所有的大事都按年月先后排列，编成大事记，附在书后。这样，既有重点，又有全面，两者结合，问题解决了。

要把概况和特写、大事记结合，使读者既能了解全面，又能了解各方面情况。有人有事，有血有肉。而不要眉毛胡子一把抓，分不清主次，弄不清先后因果，使人越读越糊涂。

第四谈体裁。

体裁要多种多样化，百花齐放，而不要被拘束在一个框框里，施展不开。

村史的表现形式——体裁，应该根据百花齐放的方针，愿意怎样写就怎样写，怎样写方便就怎样写，不拘一格。可以写编年体，也可以写纪事本末体，可以写人物志，也可以写报告文学，也可以应用电影的“特写”镜头，对某一件事、某一个人的某次活动，在革命斗争中起了关键作用的作重点的突出的描写。

通过村史的写作实践，我们期望将来会出现一种新的社会主义时代的历史体裁，适应于我们这个伟大时代风格的体裁。

第五，要实事求是地写真人真事，而不要有所虚构、夸张，搞得人也不真，事也不真，取消了历史。

历史是只能写真人真事的，特别是写村史，不但给本村人看，还得读给本村人听，要求在群众中核对史实的正确性、科学性。以此，即使写的是真人真事，也必须以严格的科学态度、实事求是地处理所叙述的人和事，绝对不许浮夸，也不许可掩饰。浮夸了，这个人只有七分好，你说十分好；掩饰了，这个人曾经做错某事，你替他遮盖，这样人也不真了，事也不真了，不但群众通不过，也不能从中取得教训、经验，这是很不好的。

当然，文学家们完全有权利根据村史的素材进行加工，有所虚构，夸张，概括，集中，写出动人心弦的文艺作品。但是，毕竟要分别开，一个是文艺作品，一个是历史，有同有异。不加以区别，用写文艺作品的方法来写历史，是不可以的。

第六谈语言。

群众有自己的语言，生动，简练，活泼，在作调查研究，扎根串连，开座谈会的时候，必须把群众的某些有意义的语言记录下来，一方面可以把它应用在作品中，使之更生动、活泼，同时也可以把某些语汇整理，列为专篇。这样做，不但可以丰富祖国的语言，同时也可以使将来的人们，对语言的变化、发展，有了文字记录的材料。不过，应该注意，地方性的语言并不是什么地方的人都能理解的，在应用某些难懂的词汇的时候，必须做一些浅显的注解，不这样做，别地方的人读不懂，村史的作用就不能不为地区所限制而削弱了。

还要善于运用某些地方性的语言词汇，但不要特意在写时塞满了这些东西，把村史搞成语言学的著作，必须运用时要加以适当的注解。

第七，要写好人好事，而且要突出地写，也要写坏人坏事，作为进行斗争的对象来写，作为反面教员来写，而不要本末倒置，主从倒置，把坏人坏事写多了，好人好事写少了。

但反面人物，坏人坏事也必须写，要是不写，你跟谁斗争呢？两个敌对阶级的阶级斗争，而只写一面，那怎么行。但是，问题不在于此，问题在于以哪个为主，以好人好事为主，还是以坏人坏事为主？问题在于写坏人坏事的目的性是什么？是写他们的作恶、残暴、压迫、屠杀、威风凛凛呢，还是揭露阶级本质，把他们作为反面教员，从而进行社会主义教育、阶级教育呢？

此外，民间的特殊艺术和经验，如某些工艺品的制造，温室，盆景，种植经验，农谚，医方等等，都应该在搜集、记录之列，对资料的要求是多多益善，对写作的要求是简练明白，村史里容纳不了的资料，可以作为档案保存起来，迟早是会有用处的。

以上这些意见是提供编写村史的同志们参考的。

（原载《前线》第2期，1964年）

谈演戏

戏是演给人看的，这个问题不会有不同意见。

但是，戏是演给什么人看的？为什么人服务？这就值得讨论了。在旧社会里，无论什么时代，总有那样一批不劳而食的寄生虫，饱食终日，无所用心，一不学习，二不工作，除了吃喝睡之外，消磨时间的方法之一就是看戏。剧作家为了这些人的需要，写的剧本往往多到三四十折，要三四个半天才能演完。这种戏，劳动者，无论农民还是手工业者都是看不起的。相反，在农村里，搭个草台，成本戏也只能演半个晚上，最受欢迎的还是折子戏，一场演几个，费时间不多，却享受到欣赏娱乐的效果。从演戏的折数和时间来说，贵族、官僚和劳动者看的戏是不完全一样的。

演戏的目的是为了单纯地享受文化娱乐，还是有其政治目的？戏剧是文化娱乐生活的一种，这也是不会有不同意见的。但是有没有特定的政治目的，意见却不一定一致。

无论什么时代，戏剧总是为政治服务的。在封建社会里，统治阶级为了进行封建道德的教育，戏剧的主要题材只能是教忠教孝，假如把旧时代所有剧本作一个统计，便可以发现这类题材所占比重之大。

清朝后期慈禧统治的时代，宫廷的演出剧本，一类是遥远时代的历史戏，另一类则是虚无缥缈的神话戏，目的在于脱离现实政治，脱离当前现实斗争，归根到底也还是为政治服务的。

但是，统治阶级毕竟没有力量作到完全的控制，有些剧作者还是作了相应的斗争。例如南宋初期秦桧主张对金人屈服，反对抗战，有一次演出的短剧就以只坐太师椅，至于二圣还（还，指迎回徽、钦二帝）则置之脑后可也，进行了尖锐的讽刺；又如明朝严嵩当政的末年，有人就写了《鸣凤记》，演出后，看戏的县官怕得要死，直至得到严嵩罢相的消息，才有心思看完终场。这类例子虽然不是很多，但是说明了过去时代的戏剧确是有一部分反映现实政治生活，并且是为当前的政治斗争服务的。

就是神话戏，也应区别对待。例如取材于《西游记》的《大闹天宫》，就包含着深刻的反对封建统治的内容，在人世间反对皇帝的戏是不能演的，在神话戏里就可以演出反抗玉皇大帝和龙王、阎王的戏了。

故事戏也起了这样的作用，封建礼教，男女授受不亲，婚姻只能由父母作主，所谓父母之命，媒妁之言。旧剧《西厢记》、《墙头马上》的主题却是青年男女的自由恋爱，对封建礼教进行了公然的反抗。

由此可见，即使是在旧时代，旧戏剧，演戏的目的，并不单纯地为了文化娱乐，而是赋有一定的政治意义，不是进行封建道德的教育，就是隐蔽地进行反封建的斗争，并且，其中还有一部分是现代戏，针对当前时事，进行政治斗争的。

最近一个时期，各地方剧种都在大力编、演现代戏，这是一件值得欢迎，鼓励的新风气，好现象。

能不能设想，处在社会主义建设时代的新型劳动者，看的戏却是进行封建道德教育或者是进行资产阶级教育的，和现实生活、工作毫不相干，甚至是背道而驰的呢？必须大量地编写、演出反映当前政治生活，为工农兵服务，为社会主义建设服务的现代戏，这是一条不可动摇的原则。我们的剧作家、艺术家应该有这样的雄心壮志，通过戏剧这一武器，从工农兵中来，到工农兵中去，表扬好人好事，抨击坏人坏事，突出地宣扬新时代的新道德，新风气，鼓干劲，争上游，贯彻总路线的精神，加速社会主义建设的步伐。

只要掌握了这一条，今天的戏是演给工农兵看的，是为社会主义建设服务的，就可以达到艺术为政治服务的目的。

（原载《前线》第8期，1964年）

谈学术研究（二）

最近有不少青年朋友来信、来访，谈的主要是这样一个问题，如何着手作学术研究?

争论之点在于到底应该先作专题研究，从写学术论文开始，来带动通读应该、必需读的书呢？还是相反，先读完一些大部头的、基本的、非读不可的专籍，有了基础知识，再在这个基础上，作专题研究呢？据说两方各有理由，争持不下，书读不下去，专题也没有法子下手研究。

有一个典型材料，某地有一个文史研究所，招收了六七十个大学毕业生，分文、史、哲三部，研究生入所后没有例外地都读《十三经》，读了三年多了，人人读得头昏脑胀，越读越糊涂，现在离结业不到一年时间了，要各就分配的专业，写出研究论文，才着了慌，提出上述问题，争论了好久，得不到解决。

这个问题其实很简单，容易解决。

第一，关于文学、史学、哲学的研究，为什么必需读《十三经》？为什么要花三年多的时间去读？责任在于这个研究机构的领导人。很难理解要研究生读《十三经》的目的是什么？假如是为了过文字关，阅读、理解古代文献必需能够掌握古人所运用的文字的话，那么选择《古文观止》中较好较有代表性的三五十篇，用半年时间熟读精读，也就可以了。不这样做，尽管把《诗经》、《书经》读熟了，对阅读秦汉以后的文献，帮助并不太大。假如是为了打好基础的话，《十三经》也并不是研究文学、史学、哲学的基础书籍。

总之，第一步就是错了。

第二，是基础与专题的关系要摆得恰当。谁都知道要盖一所房子必得打好基础，不管是砖木结构，还是钢筋混凝土结构，盖在沙滩上是不行的。房子愈高、愈大、愈重，基础就必需相应地结实、牢固。学术研究也是如此，无论是文，是史，是哲，都要打好基础，扎扎实实读完一批必需读的基础知识的书，这个过程是逃避不了的，是一定要经过的。有了较为广泛、深厚的基础了，第二步才是在这基础上进行专题研究。也还是同第一步一样，仍以盖房子为例，首先要规划好房子的用途、高度、形式，根据实用、经济、美观的原则，作好建筑设计，然后才能备料、施工。换言之，作专题研究也要先有题目，确定研究什么问题，这个问题前人研究过没有，哪些问题已经解决，哪些还没有解决。弄清楚了以后，就得沿着研究的方向阅读大量的可能到手的专门记载，扩大这个方面的知识领域。然后经过细心的认真的综合、比较、分析，才能动手写作。

学术研究本身是愉快的劳动，要掌握大量资料，没有调查研究就没有发言权，不打好基础，尽想偷懒，绕过第一步第二步，一动笔就打算作学术研究，是绝对不行的。

第三，更重要的是用什么立场、观点、方法去研究问题，也就是理论学习的问题。是用古人的封建地主阶级的呢？还是资产阶级的呢？无产阶级的呢？事物的现象是复杂的、纷繁的，有表面现象、假象、真象；并且，也不是孤立的，而是彼此关联的，前后联系的，有发展，有变化；有重要、次要、支节之分；好之中可能有坏，坏之中也可能有好，要做得真正能够提出问题，解决问题，就必需认真学习运用马列主义、毛泽东思想，没有这个武器，这个指导思想，任何学术研究都是做不好的。

结论很简单，作学术研究就要大量地读书，读专业的书，读理论的书。作学术研究必需先打好基础，没有坚实的基础就不能作专题研究。

（原载《前线》第11期，1964年）

谈写文章

从前有人说过：文章本天成，妙手偶得之。

我说，不对。应该是：文章非天成，努力才写好。

天成的文章是不存在的。即使是妙手，也无从偶得。

妙手当然有，但也决不是天生的，而是经过长期的努力学习，锻炼，在实践中逐步提高。“妙”是努力的结果。妙手写了好文章，也还是要经过努力，而决不是偶然得来。假如说“偶”是灵感，看见了什么，接触了什么，有所感，有所会通，因而写出一点什么好东西来，那也还是要有先决条件，那便是具有一定的文化水平。要不，没有这个水平，即使“偶”，也还是不能“得”的。

要写好文章，必须经过长期的努力学习和实践。

首先是多读书，今人的书要读，古人的书也要读一些。中国的书要读，外国的书也最好能读一些。

生活在现代，写文章当然要用现代的语言，以此，多读一些近现代好文章的道理是无需解释的。为什么要读一点古书呢？这是因为古代曾经有许多妙手，写了很多好文章，多读一些，吸取、学习他们的写作方法，结构布局，遣词造句，对写好文章会有很大帮助。读一点外国的文学名著，道理也是如此。

对初学写作的人来说，我想，选择《古文观止》中三五十篇好文章，读了又读，直到烂熟到能背诵为止，这样便可以初步掌握古文的规律，虚字的用法，各类文章的体裁了。进一步便有条件阅读其他古代文献，有了领会、欣赏的能力了。当然，选读的文章要以散文为主，楚辞、汉赋之类，可以不读。此外，选读几十首唐诗，懂得一点旧诗的组织韵律，也是有好处的。

其次是多写作。在读了大量的近现代文章和一些古文之后，懂得了前人掌握运用文字的方法，但并不等于自己会写文章。要学会写文章，还得通过长期的实践，自己动手写，还要多写。学习两字是联用的，读书是学，写作便是习。不但要多写，还要学习写各种体裁不同的文章，例如写散文，写书信，写日记，写发言提纲，写工作报告之类。

写作要有题目，就是要有中心思想，要有内容。目的性要明确，例如这篇文章是记载一件事情，或提出一个问题，解决一个问题，或发表自己的主张、见解等等，总之，是要有所为而作。无所“为”的文章，尽管文理通顺，语气连贯，但是内容空洞，也只能归入废话一栏，以不写为好。

第三是多修改。一篇文章写成之后，要读一遍改一遍，多读几遍多改几遍。要挑剔自己文章的毛病，发见了就改，决不可存爱惜之心。用字不当的要改，含义不明的要改，词句不连贯的要改，道理说不透彻的要改。左改右改，一直改到找不出毛病为止。必须记住一条原则，写了文章是给别人看的，目的是要使别人都能看懂，以此，只要设身处地，站在别人的地位来看这篇文章，有一点含糊的地方，晦涩的地方就改，尽最大的努力使别人容易懂，这是一个基本的也是最起码的要求，必须做到。

有了这三多：多读书，多写作，多修改，文章是可以写好的。只要坚持不懈，任何人都可以成为妙手。

（原载《人民日报》，1962年5月15日）

论不同学科的协作

协作是件好事，说来谁都赞成。

协作的范围不止是同一部门的，同一性质的工作，也还包含不同部门的，不同性质的工作。

协作搞好了，可以做到事半功倍，反之，就会闹得事倍功半，这个账必须人人会算才好。

以学术研究作例子，这几年来，经常听到这样一些问题，搞文学史、艺术史的人在喊，历史上这个作家、艺术家该怎样评价呀？没个底。搞通史或断代史的人也在喊，这个时代产生了这样一些作家、艺术家，这样一些作品、艺术品，该如何估价，跟时代的关系怎样？跟基础的关系怎样？要说清楚而又能使人信服，这多难呀！

研究经济史的人要讲封建时代的土地制度，哲学史家要讲某些思想家的思想内容和时代关系，同样，讲通史、断代史的人也要讲这些问题。各讲各的，在不少场合，对同一件事，同一个人，却有不同的理解和论断。

不止是社会科学，就是自然科学也有同样的问题，例如研究数学史、物理学史、冶金史、生物学史等等部门，也有个和通史、断代史密切配合的问题。

每一个学科对某些问题的具体处理，都感到有些困难。这是很自然的，容易理解的。原因是一方面，搞通史、断代史的人们不可能对天文、地理、文学、艺术、科学、经济……各个方面都具有专门的深湛的知识，另一方面，搞专门史的人除了专业知识可以拿稳以外，对时代的背景、基础，历史的发展等等方面，就不一定能够完全掌握了。有所执也有所偏，这本来是正常的现象，没有什么值得奇怪的。

问题是如何把两个方面联系起来，建立协作关系。

可不可以这样设想，不同的学科，都把存在的问题算一笔账，和有关学科挂上钩，进行双方的以至多方的学术讨论，从而解决问题，提高学术水平呢?

当然，在讨论中是一定会有不同意见的，看来这种不同意见越多越好，只要有根据、有道理，就都摆在桌面上来，大家反复推敲，这样做，讨论便可以步步深入，逐步提高，到了最后，也可以得出大家一致同意的结论。万一双方意见顶上牛了，不能一致，那也不要紧，搁一个时候，有了新的根据时再谈也可以。

在百家争鸣中要有协作，在协作中进一步贯彻百家争鸣。这两者是可以相成而不是互相矛盾的。

那么，谁来做这种协作工作，我看，各个学会，如历史、哲学、经济学会，各个文化团体，如文联、戏剧家协会、美术家协会等等都可以做，这些学会和文化团体完全可以担负起桥梁的任务，把两头以至几个方面都接通，交换学术研究情况，提出需要各方面协作解决的问题，取长补短，共同提高，好处是很大的。

要事半功倍，符合多快好省的要求，就得搞不同学科的协作。

（原载《人民日报》，1962年5月22日）

论学习

学习这两个字是孔夫子首先讲的。他是一个伟大的教育家，自己学习十分努力，又有了多年的教学经验，总结了这么一句话：“学而时习之，不亦说（悦）乎？”意思是说，学了一些东西，经常温习它，不是很快乐的事情吗？这是学习一词的来源，孔夫子把学和习连系在一起，并指出这是一件很快乐的事。

学和习是两件事，但又是一件事。

任何新的知识，取得的途径只有一条，那便是学，向具有这门知识的人学，向记有这门知识的书本学。但是学了，懂得了，却并不等于掌握了拥有了这些知识。要使它成为自己的东西，就必须习，经常地反复地温习，才能记得住，记得牢靠。以此，学和习又是一件事。光学而不习，所学的知识是不牢靠的。有人不很理解习的重要，学得很多，甚至什么东西都学，但却不肯付出经常温习的时间，结果是随学随忘，收不到成效，对学习的兴趣也就减低了，学不好。

从今天看来，“习”字还有另一方面的意义，就是实习，或者说是实践。就是把学到的知识运用在实际工作中。例如学数学，在懂得了一个公式以后，就必须加以演算，不多做习题而要学好数学是不可能的。学物理、化学，要在实验室做多次实验。学了马克思列宁主义、毛泽东著作中的放之四海而皆准的理论，要在科学研究、具体工作中加以运用。要用学到的东西把自己武装起来，解决实际问题。以此，学和习又是理论和实践统一的过程。学和习必须结合，付诸实践，要不然，光学了理论而不见之于实践，那么理论就会只是理论，不但学不好，也提高不了工作。有的人不理解实践的重要意义，却反而埋怨学习理论没有收立竿见影之效，问题也还是在于他不肯立竿，又如何能见影呢？

最重要的还是这个“时”字，要“时习之”，不是习一次两次，或三次五次，而是要经常地、不断地、坚持地把学到的东西加以温习和实践。古人常说“好学不倦”，好是喜爱，不倦是不厌烦。要把学习看作是人生最快乐的事情，喜爱它，而不是厌烦它，要有恒心，有毅力，有自信，非学好不可，而且一定可以学好，每天学，每时学，随时学，随地学，学了就用，边学边用，边用边学，这样，我们就会时时刻刻得到新知识、新学问，工作越做越好，知识领域也越来越扩大了。要和无知或缺少知识作斗争，向科学进军，改变自己的精神面貌，成为有社会主义觉悟有文化的劳动者。

学习的方法是很多的，可以在学校里学习，也可以在社会上、在工作中学习，也就是业余学习。此地只谈业余学习。业余学习首先要学文化，要认得并能运用两三千个单字，这一关必须闯过，不脱离文盲状态是谈不到进一步的学习的。语文有了基础了，就可以按照自己工作的要求，学习某些基础知识，其中最根本最主要的是马克思列宁主义、毛泽东著作的学习。必须把自己的思想武装起来，才能有正确的立场、观点、思想方法，正确地有效地学习、掌握和运用专业知识。

学习还必须循序渐进，就学习理论来说，首先要学基础的东西、根本的东西。譬如盖房子要打好地基，没有扎实的牢固的基础，房子盖不起来，即使勉强盖起来，也会倒塌的。有了基础以后，再结合自己工作的需要，进行专业的理论学习，例如妇女问题、民族问题、统一战线问题、社会主义建设问题、工农业问题等等。结合具体工作的理论学习，一方面用理论指导、检查具体工作，一方面又反过来从实际工作的进展来检验理论，这种学习方法，可以学得快些，学得好些。

业余学习的最大问题是时间问题，这个问题要从两个方面解决，一方面要领导上大力支持，给以必要的安排和鼓励，东城区妇联的《我们是怎样坚持学习的》的经验，便是很好的例子。另一方面，更主要的是自己的决心和毅力，缺乏这一条，即使有了很好的学习条件，也还是坚持不了的。苑文华和王桂菊两个人自学成功的经验，指出了这一点。

要做时间的主人，妥善安排时间，即使是零碎的时间，十分钟、半小时也不轻易放过，掌握所有空闲的时间加以妥善利用，一天即使只学习一个小时，一年也就积累成三百六十五小时，化零为整，时间就被征服了。有人把这个方法叫作见缝插针，非常之好。

当然，就妇女来说，还有个家务问题。这问题也还是安排问题，安排得好，家务和学习的矛盾是可以减少以至解决的。但是，也还应指出，作为家庭一个成员的男子，也必须给妇女以尽可能的帮助，分担一些可能担任的家务劳动，这样做，不止是直接有助于妇女的业余学习，也会给家庭增加和睦、欢乐、团结的气氛，对个人、对社会、对国家都是有好处的。

对学习，要“说”（悦），要看作是人生最快乐的事情。既要“学”，又要“习”，又要“时”，孔子的话，在今天来说，还是有实际的教育意义的。

（原载《中国妇女》第4期，1962年）

大家都要补课

这半年来，各个高等学校的学生，学习积极性大大增强了，图书馆坐满了人，有的还要一早就去排队，实验室也是一样。认真读书和做实验已经成为风气，这是一桩非常可喜可贺的现象。

随着学生们读书风气的养成，为数众多的青年教师也奋发图强，开始认真读书了。青年教师在钻研中碰到难解的问题，就不能不去请教中年和老年教师，就这样，中、老年教师也非多读书，多做研究工作不可了。一环套一环，后浪催前浪，在全国范围内掀起一个认真读书、认真备课的良好学风。

也正在这个时期，有机会同一些学术界的朋友们接触，讨论各方面的问题。其中谈得最多的是青年教师的补课问题。

青年教师们很紧张，他（她）们绝大多数是解放以后毕业任教的，参加了很多政治运动，端正了立场，提高了认识，一个个生气勃勃，急于要做好自己的工作。但是，许多青年教师书读得不够多，也不够扎实；教学经验少；研究工作还没有入门，其中有的连工具书也不会运用。面对着新的一代在努力学习，怎样才能更好完成教学任务，无愧于人民教师的光荣称号呢？他（她）们一面在加紧学习，一面也不免流露出焦急的心情，这种心情是完全可以理解的，应该同情并且一定要给以全力支持的。

在讨论中，中年、老年教师果然给以这种支持，并且纷纷提出为青年教师补课的各种方案。

听了很多意见以后，我当然完全赞同中、老年教师的意见：一要有计划，先补什么，后补什么；二要有重点，重点先补，次要的后补；三要有时间，不能急于求成，准备用三五年以至更多的时间，使青年教师这一代完全成长起来。

朋友们要我发言，我说了以下一段话：

青年教师补课确是当务之急，这工作必须要做，而且非做好不可。

但是，问题还有另一面，我们这类中、老年人呢，该不该补课？我说，就以我为例罢。从1937年到1949年这一期间，就没有能够认真地有系统地读过书，做过研究工作。在这个时期，国外也罢，国内也罢，对我所关心的学术问题所达到的水平，是不理解的，不清楚的。道理不必讲了，谁都清楚，和我差不多年龄的人都会有这一段空白之感。建国以后，这十二年以来，通过一系列政治运动，受到了教育，应该可以说或多或少在政治上都有所提高了。但是，认真地有系统地读书和做研究工作这一点，怕也不是每一个人都能做到的吧。在这一点上我们和青年教师之间的区别，无论如何，不会是很大的。

以此，我曾经说过，知识分子不但缺乏实践的知识，连书本子的知识也是很贫乏的。

那么，问题很清楚，我们这一辈人也非补课不可，要加倍地努力，多读书，老老实实地读书，认真地读书，在这个基础上进行独创性的研究工作。只有这样，才能填平过去的空白时期，也才能有效地帮助青年教师补课，也才能真正有助于学术的繁荣和昌盛。

我的意思是大家都要补课。

（原载《前线》第22期，1961年）

从打基础做起

读书，首先要打好基础，循序前进。比如学理论，最好先学辩证唯物主义和历史唯物主义，否则读起《资本论》来就有困难；再比如，学习中国历史，就要先学中国通史，然后再学断代史或专门史。盖房子不能盖在沙滩上；同样，读书必须打基础。

懂得了先学什么后学什么的道理以后，就需要进一步探求学习的方法。学习方法大致有两种：有的书要熟读，像古典文学作品，一些范文最好能够背诵。当然，不是所有的书都要背诵，一部二十四史就无法背诵。还有一种书不一定要熟读、背诵，但却是要多浏览的。浏览的面越宽，知识也就越丰富。对于浏览的东西，要随时做笔记，把要点记下来，这里又要谈到记笔记的方法。依我看，记笔记的方法可以各取所需：一、看完一本书，把这书的大纲、要点记下来；也就是把这书里精华的部分吸收下来，成为自己的东西。不致天长日久就忘得一干二净的。二、写卡片，把这书的主要材料，觉得可以运用的就抄下来。比如搞文学创作的，就应该有意识地将自己所读的书中一些生动的描写、精辟的词句抄下来；研究历史的，就应该把自己所读的书中一些重要的历史史料抄下来。抄录下来是为了巩固自己的记忆，也为了应用时可以随时查考。

简言之，打基础的书要读得熟，读得专；基础外的书要读得多，读得广。

读书，光读、背、抄、记还不行，还得把自己所读、所抄的资料通过实践、运用，牢牢地掌握起来。也就是说需要经过自己大脑的思考，经过整理、分析、研究、综合，写成读书笔记、札记或是大大小小的文章，使所学的东西变为有机的东西。否则原料始终只是原料，不能成为有用的新产品的。

（原载《北京晚报》，1961年12月27日）

多写一点杂文

杂文是一种很锋利的武器。它没有一定的体裁，也不受什么清规戒律的束缚，生动活泼，短小犀利。鲁迅就曾经运用这一武器，在国民党统治的黑暗年代里，进行过韧性的斗争。

不知根据什么理论，似乎有人说，而今不是杂文的时代。

为什么我们这个时代不可以有杂文呢?

我看，不但可以有，还应该多写才是。

不错，鲁迅的杂文，抨击的对象是当时人民的敌人，是帝国主义、封建主义和骑在人民头上的国民党统治集团。他运用杂文，口诛笔伐，“两间余一卒，荷戟独彷徨”，心情是沉重的。“横眉冷对千夫指”，投出匕首时的愤慨，一直到今天，读他的杂文时还不禁为他这种情绪所感染。

据此，确乎也有人振振有词地声称，鲁迅的时代一去不复返了，三座大山已经搬掉了。杂文的对象是敌人呀，敌人没有了，因之，杂文也就没有时代的意义了。你要写杂文，对象是谁呢?

不错，事实确是这样。但道理并不确是这样。

将近十三年来，我们的经济恢复、社会主义改造、社会主义建设的事业取得了伟大的成绩，这是任何人也不能怀疑的。

但是，帝国主义及其走狗国民党反动派只是被赶走而已，并没有被消灭。在我们的脑子中，有时候还有封建的、买办的东西在作怪，不止是世界没有太平，连我们自己的脑子也还没有太平呀!

对外打击敌人，对内开展批评与自我批评，这难道不是我们当前主要的任务?

当然，我们的时代不是鲁迅的时代，面对的也不完全是鲁迅所面对的敌人，因此必须区别对待，也是可以区别对待的。

我们斗争的对象是针对自己工作中的错误和缺点，是人民内部问题。因此，第一要弄清事实，第二要讲清道理，第三要抱与人为善的态度。相反，冷嘲热讽，指桑骂槐，隐蔽曲折的作风都是不必要的，也是不可以的。至于对真正的敌人，那倒无妨狠一些，越狠越好。

我想，假如作家们能够多写一些杂文，抓住问题，对症下药，是能够起改进工作、提高工作的效果的。通过杂文，推动批评和自我批评的开展，好处是说不胜说的。

当然，也应指出，被批评的单位或个人必须认识到作者与人为善的心情，不是存心为难，而是帮助改进、提高工作。要以有则改之、无则加勉的态度来对待善意的批评。要不是这样，一篇杂文发表了，这个提意见，那个忙于辩解，另一个则认为作者有意中伤，这样做的结果，杂文被扼杀了，批评也就没有了，决非好事。

我建议，多写点杂文。

（原载《文汇报》，1962年6月30日）

古人的坐、跪、拜

年轻时候看旧戏，老百姓见官得跪着，小官见大官得跪着，大官见皇帝也得跪着，跪之不足，有时还得拜上几拜，心里好生纳罕，好像人们长着膝盖就是为着跪、拜似的，为什么会有这种礼节呢？后来读了些书，证明戏台上的跪、拜，确是反映了古代人们的生活礼节。例如清末大学士瞿鸿禨的日记上，就记载着清朝的宰相们和皇帝、皇太后谈话的时候，都一溜子跪在地上，他们大多数人都年纪大了，听觉不好，跪在后边的听不清楚皇帝说的什么，就只好推推前边跪的人，问到底说的是什么。有的笔记还记着这些年老的大官，怕跪久了支持不住，特地在裤子中间加衬一些东西，名为护膝。而且，不止是宫廷、官府如此，民间也是这样的，如蔡邕《饮马长城窟行》：“长跪读素书，书上竟何如？”古诗：“上山采蘼芜，下山逢故夫，长跪问故夫，新人复何如？”《后汉书·梁鸿传》说，孟光嫁给梁鸿，带了许多嫁妆，过门七天，梁鸿不跟她说话，孟光就跪在床下请罪。《孔雀东南飞》：“府吏长跪告，伏惟启阿母。”可见妇女对男子、儿子对母亲也是有长跪的礼节的。

这到底是什么缘故呢？

原来古代人是席地而坐的，那时候没有椅子、桌子之类的家具，不管人们在社会上地位的高低，都只能在地上铺一条席子，坐在地上。例如汉文帝和贾谊谈话，谈到夜半，谈得很投机，文帝不觉前席，坐得靠近贾谊一些，听取他的意见。至于三国时代管宁和华歆因为志趣不同，割席的故事，更是尽人皆知，不必细说了。正因为人们日常生活、学习也罢，工作也罢，都是坐在地上的，所以跪、拜就成为表示礼节的方式了。宋朝朱熹对坐、跪、拜之间的关系，有很好的说明。他说：“古人坐着的时候，两膝着地，脚掌朝上，身子坐在脚掌上，就像现在的胡跪。要和人打招呼——肃拜，就拱两手到地；

顿首呢，是把头顿于手上；稽首则不用手，而以头着地，像现在的礼拜，这些礼节都是因为跪坐着而表示恭敬的。至于跪和坐又有小小不同处：跪是膝着地，伸腰及股，坐呢？膝着地，以臀着脚掌，跪有危义，坐则稍安。”①

从朱子这篇文章看来，宋朝人已经弄不清跪、坐、拜的由来了，所以朱熹得作这番考证。

有人不免提出疑问，人们都坐在地上，又怎么能工作和吃饭呢？这也不必担心，古人想出了办法，制造了一种小案，放在席上，可用以写字、吃饭。梁鸿和孟光夫妻相敬如宾，吃饭的时候，孟光一切准备好了，举案齐眉。把案举高到齐眉毛，这个案是很小很轻的，要不然，像今天一般桌子那样大小，孟光就非是个大力士不可。

因为古代人们都是坐在地上的，所以就得讲清洁卫生，要不然一地的灰尘，成天坐着，弄得很脏，成何体统？

到了汉朝后期，北方少数民族的一种家具——胡床，传进来了，行军时使用非常方便，曹操就曾坐在胡床上指挥作战。后来从胡床一变而为家庭使用的椅子，椅子高了，就得有较高的桌子，从此人们就离开了席子，不再席地坐，改为坐椅子、凳子了。家庭也罢，机关也罢，内部的陈设也随之而改变了。

人们的生活环境起了很大的变化，但是，根据席地而坐孳生的礼节，跪和拜却仍旧习惯地继承下来，坐和跪拜分了家，以此，跪和拜也就失去了原来生活上的意义，单纯地成为表示敬意和等级差别的礼节了。

由此看来，不是我们的祖先喜爱跪拜，而是由生活方式、物质条件决定的。辛亥革命以后，不止革了皇帝的命，也革了跪、拜的命，不是很好的说明吗？

（原载《人民日报》，1962年8月5日）

---

①《朱文公文集》卷六十八，《跪坐拜说》。

葬花诗和《白头吟》

多年来养成习惯，喜欢读一些杂七杂八的书。

有一次，读了唐刘肃《大唐新语》，卷八有一条：

> 刘希夷一名挺之，汝州人。少有文华，好为宫体，词旨悲苦，不为时所重。善掐琵琶。尝为《白头翁咏》曰：“今年花落颜色改，明年花开复谁在？”既而自悔曰：“我此诗似识，与石崇‘白首同所归’何异也。”乃更作一句云：“年年岁岁花相似，岁岁年年人不同。”既而叹曰：“此句复似向谶矣。然死生有命，岂复由此？”乃两存之。诗成未周，为奸所杀。或云：“宋之问害之。”后孙翌撰《正声集》，以希夷为集中之最，由是稍为时人所称。

读完了，对这四句诗印象很深，随手在书上眉批，此《红楼梦》林黛玉葬花诗所出。前几天和一位老同志闲谈，他认为曹雪芹在《红楼梦》里写的曲子还可以，诗却不很当行。可是葬花诗却很特出，记得以前看过什么书，好像是有所本的。我说，我也有同样的看法，而且确切记得是在什么书上的，还作过眉批。回来一查就查出水了，并且把刘希夷原诗抄寄给他。信中说，林黛玉“年年岁岁花相似，岁岁年年人不同”诗是出自刘希夷的《白头吟》的。到晚上再翻阅《红楼梦》，才发见葬花诗中并没有这两句，是记错了。但是，也说明一个问题，在我多年来的印象中，是把《白头吟》和葬花诗密切联系起来的，认为这两首诗有血肉关系。这个看法对不对，自己也没有把握。

刘希夷的《代悲白头翁》（一作《白头吟》），见《全唐诗》卷八十二，全诗如下：

> 洛阳城东桃李花，飞来飞去落谁家？洛阳女儿好颜色，坐见落花长叹息，今年花落颜色改，明年花开复谁在？已见松柏摧为薪，更闻

桑田变成海。古人无复洛城东，今人还对落花风，年年岁岁花相似，岁岁年年人不同。寄言全盛红颜子，应怜半死白头翁。此翁白头真可怜，伊昔红颜美少年，公子王孙芳树下，清歌妙舞落花前。光禄池台开锦绣，将军楼阁画神仙，一朝卧病无相识，三春行乐在谁边？宛转蛾眉能几时，须臾鹤发乱如丝，但看古来歌舞地，惟有黄昏鸟雀悲。

这和《红楼梦》第二十七回《埋香冢飞燕泣残红》，黛玉的葬花诗中：

柳丝榆荚自芳菲，不管桃飘与李飞，

桃李明年能再发，明年闺中知有谁？

和末一段：

试看春残花渐落，便是红颜老死时，

一朝春尽红颜老，花落人亡两不知。

虽然文字不同，但遣词造意，却是有一脉相通之处的。当然，过去诗人咏落花的很多，词意相同的也不在少数，但是，全篇情调如此近似，却不能不造成我上边所说的错觉。

刘希夷的事迹，元代辛文房的《唐才子传》记载较详：

希夷字延芝，颍川人。上元二年郑益榜进士，时年二十五，射策有文名。苦篇咏，特善闺帷之作，词情哀怨，多依古调，体势与时不合，遂不为所重。希夷美姿容，好谈笑，善弹琵琶，饮酒至数斗不醉，落魄不拘常检（中段大体和《大唐新语》相同）。舅宋之问苦爱后一联，知其未传于人，恳求之，许而竟不与。之问怒其诳己，使奴以土囊压杀于别舍，时未及三十，人悉怜之。有集十卷，及诗集四卷，今传。

可见刘希夷还为这两句诗送了命。上元二年是公元675年，由此知刘希夷的存年当在公元651年至680年间。

《大唐新语》这一段记载，也被引用于《太平广记》卷一百四十三。

（原载《人民日报》，1962年4月1日）

历史剧是艺术，但是和历史有联系[①]

目前正在进行的关于历史真实与艺术真实问题的争论，我认为，根本问题是在历史与历史剧关系问题上看法的分歧。我的意见是：历史与历史剧有区别，又有联系。区别，是说历史剧是戏，不全是历史，应该有虚构、夸张、集中，通过艺术手法，达到更高、更美、更动人的境界。而历史，是反映一个时期的真实情况——生产斗争和阶级斗争的情况，作忠实的、科学的叙述，不允许虚构、夸张（当然，历史人物、历史事件很多，从历史家的安排说，可以突出某一人物、某一事件）。所以，把历史剧与历史等同起来，以对历史的要求来要求历史剧，是错误的。

可是还有另一面：联系的一面。“历史剧”这一名称，到底从何时开始，我不清楚。好像在解放前没有这一名称，而是解放后才这么叫的。既然叫历史剧，它就必然从历史事件中找题材，并反映一定时期的历史面貌。因此，二者是有联系的。这是我的看法。

可是，王子野、李希凡同志的看法，只是强调艺术真实，好像历史真实与艺术真实是对立的，不相容的，历史真实排斥艺术真实；强调历史剧的虚构方面，忽视历史剧取材于历史的方面，甚至说“历史剧是艺术，不是历史”。那么要问一个问题：历史剧是艺术，不错；但不是历史，否定了和历史的联系，这历史剧名词里的历史又是什么？既然和历史没有联系，那又为什么要叫历史剧呢？

①这篇文章原来的题目是《历史剧是艺术，也是历史》。《文学评论》1962年第五期发表了朱寨同志《关于历史剧问题的争论》，指出我这样提法是不科学的，自相矛盾的。朱寨同志的批评是正确的，我接受他的意见，把题目改了，文章内个别地方也作了相应的改动。并在这里向朱寨同志表示感谢。——作者注

5月29日《光明日报》上，发表了刘知渐同志的文章《从李渔孔尚任对历史剧的看法说起》，举古典历史剧《桃花扇》和田汉同志的《谢瑶环》为例，支持李希凡、王子野同志的论点，不同意历史剧和历史有联系，并提出《谢瑶环》是最好的历史剧。这就很值得考虑了。《谢瑶环》这一剧本在艺术上是不是成功的作品，是另一个问题，这里且不谈它。假如从历史角度来看，就可以提出几个问题。武则天、来俊臣、武三思，是实有其人的；但剧中的主角谢瑶环是虚构的，整个事情本身也是虚构的。不仅如此，而且故事、情节，在具体的历史条件下，也是不可能发生的。试问在唐朝，一个宫廷女官，扮作男人，到地方上去做巡按，是可能的吗？不但女扮男装，而且还在任所结婚，是可能的吗？她被坏人害死了，武则天专为此事赶到出事地点去进行处理，是可能的吗？田汉同志的《谢瑶环》是根据西北一个戏曲剧本改编的，他自己也没有说这是历史剧，而现在有些文章、评论，硬派给它“历史剧”的名称。这里就发生了历史的含义问题：什么是历史？这是根本问题。看来，有些人的看法是这样：只要戏里边有某个历史人物出场，或者没有什么历史人物，而反映的是古代事情，人物穿的是古代服装，这样的戏就叫历史剧。这样就把历史剧的历史解释为：凡是过去的事情都是历史，以与现代题材相区别。即，凡古装戏都是历史剧。所以就不去注意区别戏里的历史人物是主要人物，还是配角了。

仍以《谢瑶环》为例。谢瑶环是主角，武则天是陪衬人物；谢瑶环其人其事都属虚构，而武则天和武三思、来俊臣是实有其人的。仅仅因为戏里武、来是实有其人，就叫历史剧。如此推而广之，则《封神榜》也是历史小说了，因为武王、纣王、姜太公是实有其人的嘛。《西游记》也是历史小说了，因为主要人物唐僧也是实有其人的，到印度取经是实有其事的。这样推论下去就很难办了：历史没有了，取消了历史。把故事与历史混淆了，把神话与历史混淆了，把传说与历史混淆了。看来，这是没有什么好处的。

那么，什么是历史呢？毛主席在《丢掉幻想，准备斗争》一文中说：“阶级斗争，一些阶级胜利了，一些阶级消灭了。这就是历史，这就是几千年的文明史。拿这个观点解释历史的就叫做历史的唯物主义，站在这个观点的反面的是历史的唯心主义。”很清楚，历史是记录阶级斗争的科学。也记录生产斗争，人与自然界的斗争。围绕着生产与阶级斗争，记录人与事的，就是历史。这里边不许可有虚构、夸张，要实事求是。历史就是记录我们先人的生产与阶级斗争的经验与教训的。我们这一代人需要从这些经验教训中作总结，从孔夫子到孙中山都要作总结，吸取某些珍贵的东西。同时，还要从对历史实际的总结，提高到理论性的创造，来指导当前的实际。这怎么可以有虚构、夸张呢？因此，假若把实事求是的历史科学和有虚构成分的文艺作品等同起来，使观众把虚构的东西当成人类曾经经历过的、曾经存在的历史实际，这对当前的学术、文化，对提高人民的认识水平，不会带来任何好处，而只能带来有害的后果。

这里涉及到了历史真实与艺术真实的问题。所谓历史真实，用另一句话说，就是过去人们的实践，在特定时期确实发生过的事情，历史家用科学态度如实地把它记录下来，达到历史真实。那么，艺术真实从哪里来？能不能离开人们的实践？人类，包括我们的祖先，从来没有做过的事情，从来没有发生过的事情，也就是说在日常生活中并不存在的事情，能不能达到艺术上真实的境界呢？我看不能。相反，艺术真实也是来源于生活，来源于人们的实践——我们这一代人、上一代人或者更早的祖先的实践。所以，艺术真实与历史真实应该是统一的，决不是对立的、互相排斥的。

当然，艺术真实与历史真实还应该有所区别。尽管都来源于实践和生活（无论现在的或过去的），但艺术真实必须经过艺术加工才能达到。在这里，剧作家要有所取，有所舍；有所加，有所减；有根据历史实际描写的部分，也有剧作家根据艺术要求虚构的部分。一句话：要经过艺术加工，因为它是艺术品。二者有相同之处，也有不同之处。

现在争论的意见，主要是强调不同的方面，而把相同的方面——都来源于人们的生活、实践，给忽视了。因此，讨论问题时就缺乏共同语言。当然，剧作家为了符合艺术真实的要求，可以对历史实际有所变动，但这种变动，或虚构，不能不受与历史相联系的约束。那就是只能虚构在剧作家所写的特定时期可能发生的事情，而决不可以虚构这个特定时期不可能发生的事情。只有这样，才能达到历史真实性与艺术真实性的统一。在这一点上，艺术真实性是必须服从历史真实性的。假如作者不愿受历史真实性的约束，那也可以。什么题材、什么人物、什么事情都可以写，也都可能写出成功的作品。但是，它不能叫做历史剧，因为它和历史无关。它不是在历史环境中描写了历史人物的性格、活动，这些环境、人物性格和活动是剧作者创造的。剧作家完全有创造这些的权利，但是剧作家毕竟没有创造历史的权利。历史是我们的祖先创造的，是劳动人民创造的，而不是某一个文艺家、剧作家所可能创造的。

写历史剧，我的看法，主要人物，主要情节，包括人物性格，应该符合历史真实。包公、海瑞，人民群众都知道他们是好人，如果把他们写成坏蛋，观众就不会答应，因为违反了历史真实。而次要人物，次要事件，则是可以改动的，而且在某些场合，还有必要进行改动，这是艺术所要求的。我认为这种创作方法，就是现实主义和浪漫主义相结合的方法。我反对把完全虚构的故事当成历史真实；同时也不赞成完完全全根据历史书写戏，没有一点虚构、加工，那样就不是戏，不是艺术品了。所以，在这一点上，我不同意王子野同志的意见。他说历史剧是艺术，我赞成；说不是历史，否定了和历史的联系，这就不完全符合逻辑了。

历史剧能不能普及历史知识呢?

这应从两方面来理解。可以这样说吧——无论旧时代的历史剧作家，或我们时代的历史剧作家，恐怕没有任何人说过：我写戏是为了普及历史知识。《桃花扇》或三国戏的作者没有说过；我们时代的《蔡文姬》或

《文成公主》、《胆剑篇》的作者也没有说过。这一点是肯定的。

可是从观众方面来说，历史剧是起了普及历史知识的作用的。在旧时代，人民群众绝大多数不能受到教育，也不能学习历史，但他们毕竟有些历史知识。从哪里来的？从看戏、听说书来的。看三国戏，知道有曹操、刘备、诸葛亮、孙权、关羽、赵云、黄忠等历史人物，知道中国历史上有个三国时代；看春秋战国戏，知道有齐桓公、楚庄王；看包公戏，知道有个包拯，是清官；看海瑞戏，知道他是明朝人……他们不但知道这些知识，而且记得很牢靠，有些话还成为民间口头语，如“说到曹操，曹操就到”、“三个臭皮匠，顶个诸葛亮”。它在普及历史知识上的作用，就某些方面说，比历史教科书更大，因为它生动、形象，具有强烈的感染力。我们新写的历史剧，如《蔡文姬》，使不懂这段历史的人看了，知道汉朝有这么个有学问的妇女，知道汉与匈奴的关系，知道曹操办了件好事，把朋友的女儿找回来了，这是属于历史范畴的。看了《文成公主》，知道唐朝有个唐太宗，很英明，还有文成公主、魏徵、李道宗等，知道西藏方面有个松赞干布、禄东赞；而且知道了当时唐与吐蕃的关系：打过仗，唐打胜了，通了婚，文成公主带去了中原文化，通过婚姻维持了几十年的和平。并且还知道我国是个多民族的国家。难道这些不是知识？所以，客观上，历史剧是起了普及历史知识的作用的，观众承认这一点。否认这一点，就是抹煞事实。

正因为历史剧起了这样的作用，所以我曾经提出这样的看法：旧历史剧和新历史剧应该区别对待，不能拿今天的要求去要求旧历史剧。那样要求是不公道、不实际的，而且会引起混乱。为什么？因为旧时代的剧作家没有马克思列宁主义嘛，对历史的认识也不完全和我们一样，对历史和历史剧的区别和联系也不是很理解，因此，旧历史剧有不少缺点，不能完全符合今天的要求，是必然的。可是另一面呢，这些旧历史剧已经上演几十年、几百年了，已经为人民群众喜闻乐见，所以也不应该反对它，不必去改动它。如《群英会》，就是好戏。但是里边有一场《借东风》，羼杂有迷信色彩。史实上，赤壁之战时是起了东风，火烧了曹兵的战船与营寨。不过，像这样的戏，改它干什么？现在的人民群众有了科学知识，知道风是借不来的。可是反过来说，如果今天的剧作家也写了《借东风》，提倡迷信，恐怕就没有人会赞成了。旧历史剧里还有些宣传封建道德、愚忠愚孝的，写新历史剧当然更不应该这样了。所以，二者应该有区别，对旧历史剧应该从宽，对新历史剧则应该要求更高一些。

对新历史剧要求更高一些，是否会束缚剧作家的创作自由？看来有些剧作家有这种担心。但这是多余的。拿《文成公主》说，一部分是根据历史（如上面提到的人物和事件），一部分是根据传说（日月山部分），一部分则是虚构的，如恭顿这个人连人物和所有活动都是虚构的。这个戏是历史加传说加虚构。唐朝方面侯君集这个人是实有的，而他反对通婚，则也是虚构的。这种虚构好不好，可不可以？好，可以。侯君集是当时的兵部尚书（国防部长），前一年与吐蕃打仗，他是统帅，打败了吐蕃。像这样的人反对和吐蕃通婚，是可能的。在这以前，松赞干布向唐朝求婚四次都没有成功，就说明唐朝内部是确实有人反对的，不然，不早就成功了？所以，作者把反对派的意见集中在侯君集身上，是虚构得合情合理的。西藏方面也有反对派，据记载，由于反对通婚和好而自杀的大臣就有五六个人，所以就这方面进行虚构，也是合情合理的。文成公主死后，唐与吐蕃的关系又变坏了（所以后来金城公主又去了），不是也说明西藏内部有反对的人吗？在这些地方进行虚构，不但不会妨碍历史真实，而且会有助于表现历史的真实性。

可是也应该指出，有些戏的有些地方就值得考虑了。如《甲午海战》，有一场表现李鸿章要求各国公使调停的宴会，所有俄、英、美等国公使都不吭气，而美国公使的随员（日本特务）却哇啦哇啦大讲一通。这就违反了实际情况，因为在外交场合，这是不会发生的事情。所以，虚构的自由是有条件的，只能虚构当时当地可能发生的事情，否则，历史真实与艺术真实就会两败俱伤，就都不存在了。

《胆剑篇》是成功之作。可是我也提过这样的意见：苦成老人的作用超过了勾践的作用。不管当时是奴隶社会或封建社会，国王与老百姓的关系是否那么民主？此其一。第二，勾践应该是英明果断、有主见的人，不是什么事都得听别人出主意。而戏里许多主意是苦成出的，把勾践写弱了，不是写强了。把苦成写强了好不好？我们说，历史是人民群众创造的。可是这并不是说，在任何大事情上老百姓中的个别人物都是起决定作用的。如果古代国王那么倾听老百姓的意见，历史上农民起义反对统治阶级，就不可能发生了。勾践当时所处的地位，使他一定会倾听群众意见，但不能写得过分。现在有一些历史剧都不适当地强调人民群众的作用，一大群人民群众上了台，就算表现了人民群众的力量，不敢写统治者在历史上的作用。这恐怕就把人民群众创造历史的观点庸俗化了。

还想谈到田汉同志的《关汉卿》。关汉卿本人的事迹记载不多，戏很难写，但田汉同志却写得很好。戏里把关汉卿写《窦娥冤》，王著刺杀阿合马，以及把关汉卿与朱帘秀、赛帘秀等人的事情组织到一起，安排得很好。阿合马被刺，是历史事实。可是关汉卿为阿合马家看病，他与朱帘秀的关系等，很多情节都是艺术虚构。这种虚构没有妨碍历史真实，而是做到了历史真实与艺术真实的统一，因为戏里出现的事都是当时可能发生的事。关汉卿写《窦娥冤》，就是对当时政治的控诉书。照我看，它是好历史剧。至于后边关汉卿与朱帘秀团圆，或如粤剧改为分离，都可以，这不是重要的。

是不是提倡多写点历史剧，就要求剧作家都来写历史剧？我不赞成。我看，应该百花齐放，要有表现当前生活的，表现现代革命史的，也要有表现更早的历史实际的。当然，神话剧、故事剧也都应该有。曾经有一个设想：从鸦片战争到1949年的历史中，选每个时期的重大事件，写成十部戏或电影，就有了一部艺术的近百年史了。这方面已有了《甲午海战》等作品。《青春之歌》，人物虽然是虚构的，但在历史实际中这些人物是存在过的，故事情节也反映了一个时期的历史实际情况，是成功的艺术作品，也是历史记录。更进一步，如果从一部中国通史中选择每个时代的一两个重大事件，写成一两部戏，那么观众看了，知识就增加了，等于学了一部中国通史。

总括地说，普及历史知识问题：第一，这并不是剧作者的主观意图；第二，客观上却是起了这种作用的；第三，因此，对新历史剧创作提出比旧历史剧更高的要求，做到历史真实与艺术真实的统一，并不是给剧作家增加负担，而是剧作家应该这样做的。

下面，再就艺术虚构问题作一些补充。

虚构是应该有一定限度的。正如《关汉卿》所虚构的，是这个历史时期可能发生的，普遍存在的事情。因此，除主要人物外，其余的人叫张三也罢，李四也罢，都可以。反过来说，写些当时不可能发生的事情，如要求关汉卿具有资产阶级民主思想，当然不可以。因为在舞台上，这是不真实的，不能动人的，因此也不可能收到艺术效果。不仅思想感情如此，生活方式也是如此。话剧在这方面的要求比戏曲更严格。三国以前，古人都是席地而坐，没有沙发，没有椅子，地上铺一张席子，吃饭、工作、学习，都是席地而坐。因此，客人来了，抬起身子就是长跪，拱手就是拜，再恭敬些就是顿首、稽首。我们从《战国策》上看到，当时臣对君、君对臣动不动就是长跪，这是不奇怪的。到后来有了胡床（原是野外打仗用的，后来发展为室内用具），又有了桌、椅，不席地而坐了，但还保留了跪拜之礼，这就意义不同了，成为等级制度的礼节了。这种礼节直到辛亥革命时才把它革掉。现在演话剧，如果演春秋战国的事情，剧中人坐椅子，行吗？不行，因为不真实。把那时候的跪拜等同于后来的跪拜，行吗？不行，因为后来的跪拜只是臣对君、下对上的礼节了。这是属于生活范畴的，剧作者、导演都应该注意。服装也是如此，让汉朝人穿唐朝的服装，或让汉、唐人穿今人的服装，都是不行的。甚至某些生活细节也不能不注意，如让正德皇帝叼烟卷、戴眼镜，就会引起观众哄堂大笑。

一方面，对某些历史细节，可以不注意，可以改变、虚构；而作为舞台表演艺术，如能注意某些细节，又会有助于表演艺术的发展，使观众感到真实。特别不能同意这样的论调：写历史剧可以不根据历史，这是很难使人理解的。这样做，结果只能是用作者的主观、想象、愿望——而由于作者生活在今天，这种主观、想象、愿望又只能是属于今天的，来代替历史上的实际。这不仅是非历史主义的，而且是唯心主义的，因为它是把主观想象来代替历史实际。当然，也有这种情况，作者在进行了大量的历史资料研究以后，根据历史实际来虚构特定时期所可能发生的事情，尽管剧中次要人物和故事情节都是虚构的，但是，在历史上却确实存在过的，是从历史实际中概括出来的典型。这当然可以，不但可以，而且很好。但是，这样创作出来的艺术品，到底还是离不开历史；确是艺术，但是和历史是有联系的。

一个剧作者要写历史剧，事先必须做充分的调查研究工作，掌握足够的资料。这些资料不一定都用得上，但这样做才能有所比较、选择，才能取其精华，弃其糟粕。这方面，有些作者是很认真、严肃的。当然，反过来，剧作者也不可以被历史事实所束缚。如果全照史实发展写戏，可能就写不成功，写瘟了。一位青年作者在写辛弃疾的事迹，来信问：事情发生时间的先后是否可以改动？当然可以。或者把发生在两个人身上的事情综合在一个人身上，也可以。这种发展、变化，应该服从艺术的需要，看怎样写更动人，更具有感染力。一方面，艺术真实与历史真实应该统一，虚构要受到历史条件的限制。另一方面，又不能被历史事实卡得很死，一点不许动。这样做，不但剧作家反对，我也反对。在不妨碍历史真实的原则下，作某些改动；达到艺术上更完美的要求，只要合情合理便是必须的，应该的。

结论是什么？历史真实与艺术真实应该达到统一。而且就事实讲，也是统一的。所以，目前的这种论调：服从历史真实就达不到艺术真实，或者只要艺术真实不要历史真实，都是不全面的、错误的。

说希望剧作家多写些历史剧，不是说不必写别的戏，而是希望历史剧园地也繁荣起来。因此，对于历史剧问题的讨论，不同意见的提出，是好事。讨论得越多、越深入，也就越好。

更简短的结论是：历史剧是艺术，但是和历史有联系。当然，不是历史教科书，也不是历史论文。

（原载《戏剧报》第6期，1962年）

关于历史剧的一些问题

繁星[1]老兄：

看了你的信，很高兴。

论年岁和学问你都是老兄。反过来，你要称我作老兄，我会大吃一惊、退避三舍的。

你提出的问题，也正是当前史学界、戏剧界有争论的问题。我对这些问题是有自己的看法的，在北京，讲出来以后，有人有不同意见。不久前在上海《文汇报》发表了《谈历史剧》一文，有人写文章反驳，但也有人赞成，看来这个问题是争鸣起来了，很有意思。

于此，先讲一点题外的话。百家争鸣，我认为有可鸣才能争，我曾经参加了许多次争鸣的会，满想学习一点东西，但是结果并不尽然。究其原因，除了有些人害怕划不清政治和学术的界线，确有意见而不愿说以外，更多人是对问题没有研究，或研究了而没有深入，根本提不出自己的意见，鸣不起来，争于何有？以此，我认为要真真做到争鸣、齐放，参加的人还必须事先充分做好深入的研究工作，没有调查就没有发言权是万古不灭的真理，你以为何如？

我对历史剧已经琢磨了一两年了，研究了许多历史人物，其中关于海瑞的研究，写了不少篇文章。剧团的朋友们要写海瑞的戏，要求我帮助写提纲，不料上马容易下马难，先是思索提纲，自己嫌说不清楚，索性搭个架子，越写越上劲，索性写起戏来了。坦白向你说，我是不大爱看戏的，更不懂京戏。原因是年轻时生活很困难，看不起戏。你想，当年在清华大

① “繁星”为廖沫沙的一个笔名。——编者注

学上学，进城看一次京戏，得费多大劲，一个靠课外工作自学的穷学生，这是不可能的事。由于不懂戏，前几年有朋友说我，你的文化水平呀真差点劲，我说，是，确是很差。但是，这一回，不知不觉上了马，写起来了，不懂，向人请教，写一遍，不行，再写第二遍，彩排了，大家提了意见，结论是没有戏，又重写，一直改写了七遍，如今，算是上演了，朋友们又提出一些好意见，还准备再改。

因为上了马，不跑也得跑，经过一年多思索，对历史剧的一些问题，也就是老兄所提出的，有了一些粗浅的看法。

第一，历史的真实和戏剧的真实，是有区别的，但是也有联系。为什么有区别，因为历史剧是戏，不是历史书，假如把历史剧写成历史论文或教科书，那尽可以在学术刊物上发表或大学教室里讲演，不应该也不可能搬上舞台。我写《海瑞罢官》多次，人家说没有戏，道理就在于此。但是，又必须有联系，既然是历史剧，就必然得受历史真实性的约束，也就是你所说的典型环境和典型性格的约束，假如不考虑这联系，把这个历史时期所不可能发生的事情或者这个人物性格里不应该有的言论和行动，勉强搬上舞台，尽管艺术性很强，毕竟不能算历史剧。

第二，写历史人物要求符合历史实际，要从历史人物所处的时代来理解、分析、研究这个历史人物，不可以有虚构、夸张。但是，作为戏剧中的历史人物则完全可以，而且必须有所虚构、夸张，使之更突出、集中，鲜明、生动，达到艺术上更完善的境界。这两者是有区别的。另一面，无论是历史书也罢，历史剧也罢，里面的历史人物决不是僵尸的复活，写这个人、演这个人，都要着眼于他或她的某个方面对于后一代的人们的启发作用，也就是前人经验的总结。一句话，不是为了死人，而是为活人服务，也就是为了继承前人的斗争经验教训，使之为今天的社会主义建设服务，做到古为今用，这两者是统一的，不容有任何怀疑的。

同时，也应指出，历史家对历史人物的评论应该是比较全面的，讲优点，也该讲缺点。戏剧家呢？我以为有权利选取这个历史人物某一段活动或者是其中某一件史实，突出地加以渲染、表现，不一定非要在指出优点的同时，逐一算出那几项缺点不可。当然，适当指出缺点是可以的，但不一定非这样做不可。

第三，当然得讲其人、其事的发展过程。人也罢，事也罢，都是从矛盾中发展的。人的思想意识有变化，事物的发展进程有变化，书也罢，戏也罢，都得把这变化交代清楚。但是，书不同于戏，我写海瑞的许多篇论文，人和事都严格按照史料处理，在必要时有所推论，也是从史实的根据出发的，没有根据的不能胡乱推论。但在《海瑞罢官》这个戏里，除了海瑞、徐阶这两个历史人物的典型性格和典型环境是符合于历史实际的以外，戏中的事是虚构的，赵玉山一家子历史上并无其人，这家子的三世冤埋也并无其事，反过来说，根据典型环境所许可的情况下，这些人和事又是有历史根据的，徐家的确做了许多坏事，当时确有为数众多的老百姓被害，赵玉山一家子的故事从这一角度看是符合历史真实的，不过姓名不一定是赵玉山、洪阿兰而已。在写作中的多次修改，人和事的发展过程经过多次的变化，这里就不能一一细说了。

说得很拉杂，也不够具体，但总算回答了老兄的问题。你信上说越想越糊涂，我看，你一点也不糊涂，我所说的，我看，也都是你所想到的，不过，你在故弄玄虚，要我替你说出来而已。

最后，你说我破门而出，这句话点着了。我就是要破门而出，这个门非破不可，破了才能达到学术上和文化艺术上的真正繁荣。凡事要从头学习，不懂，是个认识问题，只要钻进去，一年两年三年五年总可以弄懂。搞历史的人写点戏，纵然是初学，写得不好，看了会有许多人不满意，累人，在这里我向所有看过这个戏的人赔不是，但是，决不认错，因为无错可认，因为认真地学习新鲜事物是我们这个时代人们的特征，决不能算错误。相反，面对不懂的事物而踌躇却步，不敢问津，或如你所说自封于门户的界限，局促一隅，这才是真正的错误。以此，我衷心赞成你的意见，不单是学历史的人应该写戏，写戏的人也应该懂得史，研究史，大家来学点历史，推动历史科学和历史剧的前进和发展。

也要向老兄建议，你为何不破门而出呢？动手写点历史剧吧，我想，戏剧界一定热烈鼓掌欢迎你的出场。如何？

吴晗

（原载《北京晚报》，1961年2月18日）

写给少年作者

——《今天我喂鸡》序

以十分喜悦的心情，读完这本小书。

这本小书是北京市小学五、六年级到初中三年级学生所写的作文，北京市少年儿童读物编辑委员会选出其中一部分编成的。

北京第一中学初一的学生李荷写了一篇《变》，那是描写他所住的地方和平里的变化的，最后他说：“变得使我们心花怒放，变得使敌人胆战心惊！”

确是这样。

读完了这二十篇文章，我也想到了变，想到了作文的变。

那是几十年前的事情了。那时候，我当小学生的时候，作文有一个框框，不管什么题目，开头总是写“人生在世”，或者是“我国立国数千年，纵横数万里”这些滥调，写得多了，自己也讨厌起来了。如今，读完这本这个时代少年儿童所写的作文，这些框框没有了，滥调没有了。这个变确是很大。

第二，就文字说，这本小书所选的文章，大体上都很简练，不那样啰啰唆唆。回想二十多年前，我的妹妹们，她们在初中上学，给我写信，也总是有那么一套，什么什么的哟，几句就有一个“哟”，句子长，莫名其妙的感情多，看了很不舒服。现在不同了，孩子们懂得了用简练的文字表达自己的思想，长句子很少，“哟”，也不见了，不健康的感情没有了，这个变也很大。

第三，更重要的是思想感情的变。这二十篇文章，每篇文章都有它鲜明的目的性，对劳动的喜悦，互助友爱精神的发扬，同志的关怀，新人新事的赞扬等等，这些新的道德品质的成长，标志了我们这个时代的特征，同时，也和旧时代划了严格的界线。作为一个几十年前的少年儿童，读了这些文章以后，回想当年自己的思想情况，真是觉得又惶恐，又高兴，这个变怎能不教人心花怒放？

读这样的文章是使人喜悦的。通过这本书的出版，我想不只会使和我同样年龄的人感到喜悦，也将会使北京市的广大少年儿童感到喜悦，在写作实践中，也将会给他们以有效的帮助。

最后，也要向写作这些文章的少年朋友们指出：你们写得很好，比几十年前我们那时代的少年儿童写得好，这是一方面。另一方面，我也要说，比几十年前的少年儿童写得好，有什么了不起呢？没有什么了不起。你们的任务是要比同时代的少年儿童写得好，这样一来，就不简单了。你们得要好好努力。

第二，你们写了篇把好文章，这只是可喜的开端，只是走了第一步，以后，我说，到达目的地还远着呢！要写好文章，除掉上面所说的打破框框、文字简练、目的鲜明以外，还得勤学苦练，不只要有丰富生动的内容，还要有自己的风格，这就需要积极参加实际斗争，生产的和政治的；需要多读书，认真读书；多写作，勤于写作；一句话，只有通过实践，才能写好文章。

第三，也还是一句老话，“戒骄戒躁”。假如因为有一篇文章被选载，便飘飘然起来，自以为是个什么家了，自满起来了，那就很不对。要知道成一个“家”，光靠一篇文章是绝对不行的，必须认识到这只是一个良好的开端，以后呢，必须继续付出辛勤的努力，要知道，你要攀登科学的高峰，不付出巨大的艰苦的努力，是绝对不行的。要虚心，要记住毛主席的话：“虚心使人进步，骄傲使人落后。”

（原载《人民日报》，1961年11月15日）

谈历史故事

“六一”儿童节快到了，孩子们都盼望能够得到有趣的礼物。我也童心犹在，花了几天时间，读了八本①为儿童们写的书，高兴得很。

这八本书分成三类：第一类是中国历史小故事，共五本，每一本都包括许多小故事，以其中故事之一命名，如《李广智退匈奴兵》，有二十个故事；《深山画虎》有二十六个故事；《海瑞报恩》有十七个故事；《曹操巡夜》有十四个故事；《女娟救父》有十四个故事。每一本书的故事虽然很多，时代、人物、事件也都不相同，但大体上都有个中心，例如《曹操巡夜》的十四个故事就都讲的是不畏强权，敢于同坏人坏事作斗争的故事；《海瑞报恩》这一组则讲的是不顾私情，一心一意做好工作的故事；《女娟救父》这一组则讲的是机智勇敢，有胆量、动脑筋，把事情做好的故事；《李广智退匈奴兵》这一组描述了古人的智慧；《深山画虎》这一组描述了古人的勤勉好学。每个故事都很短，大体上从一百多字到几百字，文字通俗，容易读，也容易懂。小学三、四年级的小朋友们都可以看。

第二类是历史故事丛书，是以一人一事为中心的比较大型的读物，一本叫《李密和瓦岗军》，写隋末农民起义的一支主要力量的活动情况，一本叫《英雄城》，写的是明末阎应元坚守江阴城，战斗八十一天，英勇不屈的故事。

第三类是中国历史故事集，书名叫《春秋故事》：“分二十四篇，却不止二十四个故事，因为一篇里头往往包括着好几个故事。”作者打算把

---

①《李广智退匈奴兵》、《深山画虎》、《海瑞报恩》、《曹操巡夜》、《女娟救父》、《春秋故事》等书是中国少年儿童出版社出版。《李密和瓦岗军》、《英雄城》是少年儿童出版社出版。——作者注

我国历史，从古到今，编一套《中国历史故事集》，一个时代编一本，一共编十来本，这是一个伟大的计划，值得欢迎的计划。

当然，最近一个时期，为少年儿童们出的书决不止这八种，数量要多得多，但是就所读到的这八种来说，无论是取材文字，插图，观点，各个方面，都是可以令人满意的。这是一个极为良好的开端，有意义的开端，不止少年儿童应该对作者和出版机构表示感谢，家长们也应该拍掌赞成，要求他们继续写，继续出，多写，多出。

为少年儿童们写书，这是一件大事，也是一件很不容易的事。为什么说是件大事？这是因为少年儿童们渴望有好的读物，他们正在成长期间，对知识有强烈的要求，不但要求有书读，而且要求有好书读。特别是这些年来，我们的教育事业大跃进，大发展，小学有百分之七八十办了二部制，初中有些班级也办了二部制。这些数量极为庞大的孩子们有半天不在学校，读书的机会就更多了，没有适当的读物供应他们是不行的。于是问题就来了，读什么书？

书是有的，一种叫做“连环画”或“小人书”的书，据统计说有一万多种，书的形式是一页文字一页画，小孩们很爱读。这些书当中有些是好的，文字、插图、内容都过得去。但是也有一部分本来是编给大人看的，大人看没有问题；给孩子看却不适宜。其中还有一部分是不好的，内容尽是些黄色的，凶狠好斗的，消沉黑暗的，文字拙劣，插图的形象也很难看，有的把工人、农民都画成像个流氓，孩子们读了，不但得不到好处，反而从这些坏书中学了一些坏事，坏主意，坏作风。这些书起了对年青一代的腐蚀作用。

书是有的，另一种便是大人读的书了。孩子们得不到合适的书读，便读起大人书来了。这些厚本头的书当然都是好书，问题是第一，书的内容不适合少年儿童阅读；第二，书中某些描写对大人来说是无害的，但对孩子们却不一定有好处，例如前两年有不少孩子在一起尽说黑话，就是从流传颇广的一本小说上学来的；第三，书本子很厚，而情节又引人入胜，孩子们节制不了自己，总想一口气看完，不管光线好坏，也不懂得休息目力，结果造成了不少少年近视眼！

由此看来，供应少年儿童以有益的读物，从中学取智慧、勇敢、勤劳、顽强不屈、发明创造等美德；从中学取造词、缀字、作文；从中吸取知识，使他们健康地成长，这该是何等重要的大事啊！

为什么说是件很不容易的事？这是因为少年儿童和大人不同，他们一来认得字少，书中的难字就必须尽量避免；二来他们对具体事物容易理解，抽象的理论性的就不容易理解，以此，写作者就必须针对少年儿童的年龄特征，有的放矢，要尽最大努力使对象能够接受；第三还应注意，凡是可能引起副作用的描写，例如骂人的下流话等等都不应该写进去。忘记了这些，把少年儿童和成人等量齐观，不深入浅出，不量体裁衣，不因材施教，写的可能是好书，却无论如何不能算是为少年儿童写的好书。

总之，少年儿童读物的最低标准，应该是一立场观点正确；二知识性强；三道理要讲清楚，科学性强；四文字要通俗、流利、生动；五插图要精美；六篇幅要短小精悍；七字体要大。要做好这一些，应该承认是很不容易的。

要使少年儿童们不受坏书的影响，不去乱读大人的读物，就必须有大量的，有目的的，有计划的，为少年儿童写的好书，不只要求好，而且要求多。这八本书在这方面已经起了先锋作用：办了好事，但是还应该要求再好一些，再多一些。

问题呢，也还是有的，这里只举几个例，和作者商榷。例如《李密和瓦岗军》这本书，写得很生动，史实是根据《隋书》、《旧唐书》、《新唐书》的《李密传》和有关列传的，安排得很好，眉目清楚。书中人物除了赵义和周士德两个农民是虚构的以外（这种虚构是应该的，必须的），其他的都是实有其人，实有其事的。《赵义哭了》和《分裂》这两段写李密偏听房彦藻、郑颋等知识分子的挑拨，杀了翟让，赵义和王伯当劝阻不成，刻划了李密的两面性格，投降的隋朝官员的嘴脸，和出身于农民的赵义和王伯当的正直、无私、维护团结的品德，写得很好。但是，在《智守黎阳仓》一段，描写程咬金的性格勇敢、直爽而又无谋，却落入旧小说《说唐》和《隋唐演义》的窠臼了。程咬金三板斧的性格，是旧小说和旧戏给塑造出来，定了型的，是不是我们在新的历史著作中，可以跳出这个窠臼，还程咬金以本来面目呢？这是一个可以考虑的问题。据《旧唐书·程知节传》，知节本名齩金。李密失败以后，为王世充所得，王世充待他极好。可是程咬金讨厌王世充的为人，对秦叔宝说：王世充器度浅狭，好乱说话，喜欢念咒赌誓，不过是个巫师、师婆而已，这种人怎能拨乱救人！到了王世充和李世民交战的时候，他在阵上和秦叔宝等揖别王世充，说：承你接待，极欲报恩，不过你有疑心病，左右又有人播弄是非，我们待不下去了，就此告别。和左右数十人一起跃马投归李世民。后来李世民和他哥哥建成交恶，建成要剪除世民左右手，要程咬金出去作康州刺史，咬金告诉世民：你的左右手臂都被砍断了，活不下去了，我宁死也不离开你，要想个自全之法才好。从这两件事看来，他认识王世充之为人，决心和秦叔宝归唐；在建成和世民的斗争中，他坚决支持李世民，有见识，有胆量，也有计谋，是个谋勇双全的大将，旧小说和旧戏对他的描写是歪曲的，不公正的。

其他个别地方也还有可以研究的，如《打到一只狡猾的狐狸》一段说：可是巩县的洛口仓里，还囤积着几千石大米。《打开洛口仓》一段，又说：有的生怕洛口仓几千石米一下子都给人拿光，奔到仓口去喊叫："留些米给我们，别发光！"洛口仓是隋朝大粮仓之一，岂止藏有几千石大米？而且李密有这么多军队，要吃饭；还开仓给附近人民发粮；以后，又跟东都以米换布，几千石大米怎能解决问题！这个数字看来是太少了。另外，《赵义哭了》和《分裂》两段，杀翟让那个大汉蔡建德，《隋书》

和《新唐书·李密传》都作蔡建，加一个德字，看来也是不必要的。

《春秋故事》通过二十四个主要故事，呈现出一个时代的具体情况，写得很好。正如编者的话所说的：作者在选择这些故事的时候，是费了一番工夫的。以人物来说，春秋七霸、管仲、晏婴、孔子等，都讲到了。以事件来说，各国的兴衰，几次重要的战争，都讲到了。“搜孤救孤”、“卧薪尝胆”都是春秋时代著名的故事。作者还去掉了故事中的迷信成分（如子都见颍考叔的鬼魂），进一步揭露了人物的内心世界（如褒姒为什么不笑，郑庄公为什么要掘地见母等）。但在故事的选择方面，也还可以贡献一点愚者之见，例如二十一节《掘墓鞭尸》，插入一个孙武练女兵的故事，这个故事是有出处的，出在《史记·孙子吴起列传》。看来司马迁确是有点好奇，他把当时的传说也采用了。事实上这是不可能的，因为孙武要卖弄他的军事才能，用各种方法都可以，为什么单要训练宫女？而且，他的方法只有一条，砍掉两个女队长的头，这是一种野蛮的粗暴的方法，光靠杀头来维持军队纪律，这样的将军怎会是好将军？司马迁没有这点见识是可以原谅的。在今天，要拿历史故事来对少年儿童进行教育，这样的故事便值得考虑了。我们要少年儿童从中学习什么呢？不用耐心的说服、教育的办法，士兵自觉的办法，而用强制的野蛮的办法，这能说有现实的教育意义吗？在我看来，要写孙武，可写的很多，从《孙子》中就可以选择好多有益的东西，益人智慧，练女兵这样的故事，是应该在摒弃之列的。

最后，附带谈一点文与史的问题。

这八本书都是通过文艺手法来表达历史实际的。这是我国传统的方法，是一个好办法。司马迁写的《史记》是历史著作，也是文学作品。“言之不文，行之不远。”把历史，生动活泼、内容无比丰富的祖国历史，写成干巴巴的，只有骨头，没有肉，没有血，没有生气，像个骷髅架，这样的书有谁看？写了这样的书而要强迫孩子们看，简直是犯罪！以此，应该提出要求，把历史故事写得更生动一些，文艺性强一些，要做到使孩子们乐于看，抢着看，看了不忍释手，这才算做到了家，尽了作者的责任。但是，另一面，也要看到，写的是历史故事，不是小说，也不是民间传说，如上面所说，个别次要人物的虚构是可以的，必须的，但对主要人物、事件，却不能虚构、歪曲。例如程咬金，写小说的演旧戏的，尽管可以让他的三板斧出场，作为一个有勇无谋的典型人物；但是在历史上，这就不同了，历史家要给所描写的历史人物以本来面目。不这样做，历史家写的是小说的戏剧的典型人物，历史实际却不存在了，这就不大好。

连带说到，历史人物传记，就历史方面说，应该属于历史范畴，但在文艺方面说，只要写得好，也应该算在文艺范畴之内。这两者并不矛盾，可以统一的。历史剧也是如此，最近有人说历史剧是艺术，不是历史，在我看来，前一句话是正确的，后一句就有问题了，试问既然不是历史，那你为什么又要叫历史剧呢？全面一点说，应该说历史剧是艺术，不是历史教科书，也不是历史论文，或者说历史剧是艺术也是历史，但不完全是历史的翻版。

我们对历史故事的要求，历史故事是历史，同时也是艺术。

（原载《光明日报》，1962年5月29、30日）

学习伟大祖国的历史

——对《中国青年报》工作人员的讲话

历史是什么？人类的历史主要包括两个部分，阶级斗争和生产斗争。历史就是记录阶级斗争的科学，也是记录生产斗争的科学。我们的祖先跟大自然已经斗争了几千年、几万年，积累了极其丰富的经验，而且还要继续斗争下去。世界上只要有人类存在，就会有对自然斗争、生产斗争的历史。从阶级斗争来说，人类已经经历了好几个社会阶段，所积累的经验也是极为丰富的。今后，即使阶级消灭了，阶级斗争还会延续一个很长的时期。无论是从事生产斗争，或是阶级斗争，都必须熟悉过去的历史。

我们知道，要办好事情，首先要情况明。而所谓情况，就不但包括今天的情况，也包括过去的情况。譬如说盖工厂吧，工厂里要安装精密的机器，就必须了解当地地震的历史。从人与人之间的关系来说，也是如此。我国是一个包括五十多个民族的大家庭。在历史上，我们各个民族是经常地互相帮助和合作的。但是也曾吵过架、打过仗。吵架的、打仗的原因或者是由于大汉族主义的作祟，或者是由于地方民族主义的作祟。只有具体地了解各民族过去的历史，才能制定正确的民族政策，才能进一步加强我们民族之间的友爱团结。再举个例子来说，我们都知道毛主席关于帝国主义和一切反动派都是纸老虎这个论断的英明，而这个论断，正是毛主席根据大量的历史事实作出来的。总之，历史是不能割断的。只有了解了过去，才能更深刻地了解现在。我们学习历史，不光是为了要了解过去，更重要的是为了今天，为了指出明天的道路，为了掌握历史发展的必然规律，使我们能掌握自己的命运，满怀信心地前进。

中国是世界上历史最悠久的国家之一。我国有文字记载的历史就有三千多年，不但是年代悠久，而且没有中断过，史料也最为丰富。我们祖先所积累的文化遗产是世界文化宝库中最珍贵、最丰富的一部分。毛主席一再教导我们必须认真地学习祖国的历史。“五四”以后，对待祖国历史遗产的态度，有过两种偏向，一种是全盘接受，一种是全盘否定。这两种态度都是不正确的。毛主席教导我们，正确的态度既不是全盘接受，也不是全盘否定，而是批判地接受，取其精华，去其糟粕。有的青年认为过去的帝王将相都是封建统治阶级的人物，没有什么可以学习的。这是一种片面的看法。例如像唐太宗、康熙帝、乾隆帝都是历史上雄才大略、对人民办了一些好事的皇帝。我国现在的版图，就是在康熙时代、乾隆时代奠定的。明朝后期的海瑞就是一个为人民所崇敬、敢于替老百姓说话的好官。至于历史上其他可以学习的人物，或者在某一方面可以学习的人物，那就更是数不清了。郑和就是一个在世界历史上有杰出贡献的航海家，他带领二万几千人七下西洋的壮举，比哥伦布的航海事业还早。玄奘不只是世界史上最出色的旅行家，也是七世纪东方最大的学者。他那种艰苦卓绝的求学精神，是我们后学的典范。在我国的历史上，有着无数记述勤劳、勇敢、智慧、刻苦奋斗的故事，是值得我们好好学习的。

几年来，我国历史学界发掘、整理和编纂了大量的史料，这为我们学习和研究历史，提供了良好的条件。举个例说吧，解放前关于少数民族的史料是十分贫乏的；而现在我们经过调查所整理出来的史料，就不只是几十万字，而是几万万字，这是无价之宝。由于我国各民族发展的进度不一，现在我们可以运用这些史料，写成一部人类社会发展各个阶段的完整的历史，这对世界史也会是一个重要的贡献。

有人怕学习历史不符合厚今薄古的精神，这是不对的。研究古，正是为今服务，是为了古为今用，不知有古，又何以为今呢？又有人担心学习历史会钻到古书堆里去了。其实，钻进去并没有什么不好，问题是要会出来。为了要继承，就必须要钻进去。应该要有勇气，胆子要大些。只要我们对学习历史抱有正确的目的，采取正确的立场和观点，古书是俘虏不了我们的，而只会成为听我们使唤的工具。

从何着手学？不可能每个人都去读二十四史。我推荐青年还是首先认真地读一下范文澜同志编著的《中国通史简编》，这是到目前为止用马克思列宁主义观点编写的一部较好的通史。之后再可以选读《史记》、《汉书》、《三国志》等书中某些部分。有条件的青年也可以看看司马光的《资治通鉴》。古文看不懂怎么办？古文可以说难，也可以说不难。因为它到底是中国文字，几千年来的变化不算大，多看看慢慢地就能看懂了；看不懂的地方可查《辞源》、《辞海》。要学会利用工具书。有人说中国历史如此浩瀚，看了记不住怎么办？读书，一种方法是随便看看，看完就忘，得益不大；另一种是有目的地看，抓住关键，重要的地方多看它几遍，那就记得比较深刻了。不要以为历史学家有什么特别的本领，或者特殊的记忆力。学历史跟学其他的知识一样，也是靠“业精于勤”，偷懒是不行的。勤，除了要多看，还要多抄，把你认为重要的地方抄下来，或做成卡片，这样就能巩固记忆。通过勤抄，把很多的史料，不同的记载，提纲挈领地串起来，就可以发现问题，经过认真研究，解决问题。这样就能够把你原来认为难学的史书牢靠地掌握，不会望史兴叹了。历史知识宝库的大门，对于每一个有心于发掘的人都是开着的。祝你们满载而归！

（原载《中国青年报》，1961年8月6日）

孙权劝吕蒙学习的故事

《三国志·吕蒙传》引《江表传》，记孙权劝吕蒙学习的故事，很有教育意义。

吕蒙是吴国著名的大将，十五六岁时就跟着姊夫打仗，英勇善战，立了不少功劳，孙权用作平北都尉，建安十三年（208）攻破黄祖以后，升为横野中郎将，这时他已经三十一岁了。他小的时候，因为北方战乱，跟着母亲逃避到江东。青年时代就从军，成年打仗，没有机会上学念书，虽然很能干，英勇机智，善于指挥，但是文化底子差，知识领域窄。他因职务关系要向孙权作报告，自己不会写，只能口讲大意，叫人家照着写。孙权很看重这位青年将军，对他和另一将领蒋钦说："你们现在都掌权管事了，要好好学习，求得进步。"吕蒙说："在军队里苦于事情多，怕不能有读书时间了。"孙权说："不对。我并不是要你们专搞什么经学，作博士。只是希望你们多翻翻书，知道过去的经验。你说事情多，比得了我吗？我年轻的时候，读了《诗》、《书》、《礼记》、《左传》、《国语》，只是没有读过《易经》。到管事以来，又读了三史和诸家兵书，自以为大有所益。你们两人都很聪明，只要肯学，就会学好。难道不应该学好吗？要赶紧读《孙子》、《六韬》、《左传》、《国语》和三史。孔子说：'就是整天不吃饭、整夜不睡觉，光空想是没有好处的。不如好好学习。'汉光武帝在军事紧张的时候，还是没有放开书本。曹孟德也自己说老而好学。你们为什么不好好努力呀！"吕蒙听了他的话，才开始学习，又专心，又用功，进步很快。有些看法，连有学问的儒生也比不上。两年后，周瑜病死，鲁肃代周瑜领兵，经过吕蒙防地，鲁肃以为吕蒙只是斗将，有些看不起，和他畅谈以后，吕蒙提出许多战略性的建议，鲁肃大为惊异，拍拍他的背说："我以为大弟只有武略，这一次谈话，才知道你有学问，有识见，已经不是当年在吴下的阿蒙了！”吕蒙笑着说：“人们三天不见面，便要刮目相看，隔了这些时候，怎么还能用老看法呢！”鲁肃就拜见了吕蒙的母亲，两人从此成为好朋友。

鲁肃死，吕蒙又代鲁肃领兵，和蜀将关羽对峙，定计取荆州。趁关羽攻樊，乘虚袭取南郡，擒杀关羽父子，平定荆州。建安二十四年（219）病死，才四十二岁。

孙权表扬吕蒙、蒋钦说：“人年纪大了还肯努力学习，有很大进步，像吕蒙、蒋钦这样，真是了不起。富贵了，荣显了，还能折节好学，喜欢读书，轻财尚义，行事值得人们学习，都是国士，真好真好！”吕蒙死后，孙权和陆逊评论当时人物时又谈到他：“子明（吕蒙字）年轻时，我只以为他是作事不怕困难，果敢有胆的人。到了长大了，讲求学问，军事理论策略都提高了。可以次于公瑾（周瑜字），只是言谈英发差一点罢了。至于用计取关羽，又比子敬（鲁肃字）强。”

孙权劝告学习的蒋钦，《吴志》卷十有传。

从孙权劝告吕蒙、蒋钦的话看来，第一，任何人都应该学习，工作忙是不成为理由的，孙权比吕蒙更忙，还有时间学习，以亲身的体验就容易说服人。第二，忙是事实，只要有决心，时间也就挤出来了。第三，学习要和工作结合，要结合实际，才能学得好。吕蒙和蒋钦都是带兵的将军，孙权劝他们学兵法，学历史，学军事理论，也要学军事历史，这样就会学得好，学得快。从吕蒙和蒋钦的学习成就看来，年纪大了也不成为不能学习的理由，吕蒙三十一岁才开始学习，蒋钦的情况也大体相同，两人都学得很好，很快，经过学习，都在事业上取得更大的成就。再从孙权对吕蒙、蒋钦的学习上的关心看来，有好的干部还得有好的领导，领导不但要关心干部的学习，还必须告诉干部以必须学习的道理、学习的经验、学习什么、不要学什么和必须学什么，也还需要及时的表扬和批评。

我说，吕蒙和蒋钦是工作忙、年纪大而学习好的榜样。孙权则是关心干部学习，劝告、督促、指导干部学习的好领导。

论文化杀戮

在二百多年前，清朝政府为了贯彻奴化政策，曾经严厉执行一个长时期的文化杀戮，旧书新书凡是有涉及外族的地方一律修改，有诋毁的地方，全书抽毁或禁行或全毁。现存的作者一被举发，充军、杀头、籍没连接一大套。留下来的成绩是一大部经过抽改，经过“消毒”（民族思想）的《四库全书》，一大套禁毁书目，和几万万被压迫人民的仇恨。

清朝政府为什么这样做？因为它是少数民族，单凭一点有限的武力，和由这武力所缔构的穷凶极恶的专制政权，来奴役广大的人民。它害怕文化，害怕人民的民族思想，越想越怕，恐慌得不得了，才来这一手文化杀戮。

在两千多年以前，西方的秦国用武力统一六国以后，害怕六国的遗民反抗，叛乱，在武力控制之下，执行全面的文化杀戮，焚书坑儒。所焚的书主要的是六国的文献，因为每一国的历史都记载着秦皇是如何无道，如何用欺诈残暴的手段来消灭他们的祖国，当然也记载着每一国家缔构的艰辛和伟绩。这些记载是激发民族思想的最好教材，是揭露征服者丑恶的最真实史料，所以非烧不可；读过这些书的人也非杀不可。六国毕，四海一，兵威极盛的秦始皇，表面上是横暴到无以复加，其实，也正说明了他的恐惧。

前后两个史例，文化杀戮的史例，相同处是：第一，两个都是武力至上论者，也都是在人民前面的恐惧者。第二，都禁书、焚书、抽改书，作风相同。第三，一个制造文字狱，一个干脆的坑儒。第四，暴秦和清朝都是文化较低的民族，文化较低的民族而有武力，一方面妒忌而又悲哀，一方面就不免滥用武力了。结局呢，清朝政府越禁书，被禁的书愈被人珍视，保留下来成为后来民族革命的动力之一。秦朝呢？楚虽三户，亡秦必楚！

继秦皇清祖而起的今贤，今天又在武力控制之下，执行全面的有史以来第三次文化杀戮了！

开头是北平的七十七种期刊被封闭，广州的书报禁止入境令，接着是昆明的四十六种期刊被查禁，今天上海的《周报》，最为人民所喜爱的人民自己的刊物，又被迫停刊了。

一个无声的中国被制造出现了，不许说话，偶语有禁，腹诽有刑。不许集会，不许结社，更不许游行请愿，据说太刺激了。

跟着，封闭报纸期刊后，一个没有文化的新中国也在逐渐制造中！文化大概也是刺激的。

假如和历史上的往迹并论，可以说无一不同。细心搜索不同处，也只有：第一，并非敌国，更非异族，这里面没有过去的民族思想问题在。第二，新时代造成了新形势，当局所恐惧的正是过去所没有的民主思想，因之今天文化杀戮的主要内容是杀害民主。第三，隔了两百年，隔了两千多年当然也有进步处，进步的地方是以时代的渣滓来代替时代文化，因之，有许多新作风，是为秦皇清祖所万万不能梦想的。

说是取消检查制度了，把各种各样的木牌子卸了下来，代替检查制度的是邮费的猛涨，邮递的留难，画地为牢式的封锁，是书报摊的取缔，刊物的没收，印刷机构的奉命拒印，书店的被迫停闭，还有，是物价的高涨，一种慢性的窒杀。

相对地，党办的官办的报纸期刊充满了各个都市，享受着无穷无尽的便利，色情的黄色刊物摆满了每个报摊，从根本来窒杀、来灭绝文化。

可是，还是不行，尽管威迫，捣乱，民主刊物还是在原岗位上奋斗。于是，最后一手使出来了，说是要依法办理。什么法呢？还不是本店自造的法！

有一个出版法，说是在修正中，修正公布了没有呢？当然没有。就依以前的旧出版法吧？办刊物要呈请登记，要中国国民党的宣传部和国民政府的内政部准许才准出版。一个自称民主的国家，出版刊物要得政府许可，已经够荒唐了，而且还要国民党的宣传部核准，更荒唐得不像话。就算这也是法吧，北平、昆明、上海等地的民主刊物也都已经依法呈请登记，而且依法出版了，是谁不立刻发给登记证，故意拖延到一年半载呢?是内政部和宣传部。那么，责任问题清楚得很，违法的是内政部和宣传部，应该依法制裁，予以玩忽职务、破坏法令的应得罪名。

然而，法是本店自造的，内政部、宣传部的负责人不但没有判罪，反而利用他们玩忽职务的功劳来执法了，一道命令说是这些刊物没有登记证，一律勒令停刊。

于是北平没有声音了，安静得很。

昆明也没有声音了。上海也跟着，《周报》停刊了，旁的几个硕果仅存的刊物也正在飘摇中，动荡中。

这是历史上所没有的事情，世界各国所没有的事情!

这是恐惧到极点的挣扎，这是一个政权没落前的丧钟!

这一行为足够告诉全世界人民，在中国这国度里，所谓自由的意义，和民主的意义。

这一行为也足够证明是谁在破坏四项诺言，是谁在破坏政协决议。

文化杀戮的后果是什么?秦皇清祖已经自食其果了!

呼号、抗议过去已经太多了，今天，对付文化杀戮的唯一方法是请全国人民全世界人民来执行公正的裁判。

（原载上海《民主周刊》44期，1946年8月11日）

如何学习历史

——对北京师范学院历史系同学的讲话

一、史论结合的问题

史论结合问题是一个老问题。从它的发展过程看来，解放初期，我们这些人在课堂上只讲史实，不讲或少讲理论，说老实话，我们不是不想讲，而是理论学得少，水平低，讲不出来。1953年至1954年以来，有了转变，因为马克思列宁主义、毛泽东著作的学习加强了。可是当时也只是摸了边，学会了一些名词，还不知道如何把理论与中国历史实际结合起来。不久前一个时期，又有一种“以论带史”的倾向，强调理论是对的，可是提法却值得考虑，因为显然从字面看，先讲理论，后讲史实，结果是论多史少，甚至是有论无史，把个“带”字改为“代”字，成为“以论代史”了。曾经有一篇《论辛亥革命》的文章，长达几万字，从头到尾尽是经典作家的理论，却很少谈到辛亥革命的具体史实，便是很典型的例子。大家知道理论只能指导历史的研究，却并不能代替具体的历史实际，马克思列宁主义是普遍真理，放之四海而皆准的，但马克思、恩格斯都没有具体研究过中国某一时期或全部的历史。所以重要的问题是从马克思、恩格斯、列宁、斯大林那里学习正确的立场、观点和方法，来指导我国历史研究，而不是用他们的理论来代替中国的历史实际。这个道理是很明白的，但是，可惜得很，有些人却并不明白！

什么是理论？理论来自何处呢？答案只有一个，理论来自实践，离开实践就不可能有理论。理论是从人们的生产斗争和阶级斗争活动中总结出来的，反过来它又指导了人们的实践，指导当前的斗争。“实践——理论——实践”，这一公式是真理。明确了这一点，问题也就好解决了。我们历史工作者，必须以马克思列宁主义为指导，研究中国的历史实际，从中引出理论，“论”是从历史实际中来的。当然，对其他国家的历史发展情况，我们也要学习；但不能不问青红皂白，不问实际情况生搬硬套。例如马克思提到过古代东方土地所有制形式是土地国有制，这是正确的。但是有些史学工作者并没有弄清马克思、恩格斯所提“东方”究竟包括哪些地区，也没有认真研究中国历史的实际，就断言中国古代也存在土地国有制。其实，马克思、恩格斯所说的“东方”，是指印度、波斯等国家，没有包括中国。我们从中国历史实际出发来考察，原始公社时期，土地公有，但那时还未出现国家，当然不能叫做土地国有制，自从商周一直到中华人民共和国成立以前，我们也看不出有什么土地国有制存在（当然，某些王朝圈占了一些土地，属于宫廷所有，这类史实是很多的，但在生产上不占主要地位，不能也不可以叫做国有制）。这个历史事实是很清楚的。也有些史学工作者“言必希腊罗马”，认为希腊、罗马在历史上出现过的东西，中国历史上也必然出现过，拿希腊、罗马的历史实际来代表中国的历史实际，代替中国的历史实际。这样的人现在是不多了，但可惜，并不是完全没有。总之，不管哪种情况，他们的共同点是一条，就是对自己的历史缺少研究，缺少分析。

就史与论结合的问题说来，目前很多人感到苦恼。大家知道“以论代史”是不对的，但史论如何结合，却又不很明确。常有这样一种情况，不论讲课、写论文或是写书，先写一段史实，再引一段经典作家的意见，有时候是牵强附会的，或者是断章取义的。也还有另一种情况，先引了一些马克思列宁主义的词句，然后找一些自以为符合这几句话的历史事实来证明。其实是他把历史事实歪曲了，割裂了。这样写法好不好呢？我看是不好的，就连写的人自己也在怀疑，因为这并不是结合，而是并列，有的地方很难看出其中有什么联系。当然，正确地引用经典著作或者运用其观点来分析、说明有关的历史事实，是必需的，是应该努力做到的。大家念过《史记》，司马迁在叙事的时候是有他自己的观点的，立场和爱憎都很分明。应该注意，有些篇目还有太史公曰，用特笔提出自己的意见，我们从这些地方可以看出司马迁的观点。但现在有些人却用马克思、恩格斯、列宁、斯大林的观点来代替，作者自己的看法呢？很抱歉！没有。这样，作者把自己置于写作立场之外了，因而读者只能看到经典作家的意见，却看不到作者的意见了。我们要问，你既然没有意见，为什么要写这么一大堆，浪费纸墨，还浪费了读者的时间！

所谓史论结合，应该是统一的，不应该是一段史一段论。理论是从具体历史实际中来的，离开具体历史实际的所谓理论是空洞的，主观的，臆想的，因而也是无用的。毛主席一再教导我们，马克思列宁主义的普遍真理，必须同中国革命实践相结合，就是这个道理。我们要认真学习理论，有了正确的立场、观点、方法，就会很好地理解历史，写出来的文章，要使“论”通过“史”的叙述表现出来，让读者一看，就明白你的爱憎，知道你肯定什么，反对什么。大家都读过毛主席的著作，他的文章没有一篇不涉及历史实际的，有的是古代历史的实际；有的是现状的实际。毛主席是把马克思列宁主义的普遍真理，结合历史实际和革命实践，通过自己的语言阐发出来，成为自己的理论。例如：毛主席和美国记者斯特朗的谈话中，提出“帝国主义和一切反动派都是纸老虎”的著名论断，这一论断是从历史实际中、从近几十年来的实际斗争中概括出来的，是先有史实，然后才有论断。随着历史的发展，日益证明毛主席这一论断的正确。又如“东风压倒西风”也是毛主席从许许多多的历史事实中总结出来的论断，所以它是完全正确的。我们如果研究国际形势越深透，就越能理解主席这一理论的伟大意义。

这些例子说明，理论是从实际中产生的，不是空想。我们史学工作者必需从实际出发，不要从概念出发。

学习理论无疑是十分重要的，但另一方面，也要掌握大量的史料，经过分析、研究、审查、理解，从中引出新的理论。也就是说，以“论”指导研究，又从研究自己的历史实际中得出新的理论，这样就能够丰富和发展马克思列宁主义。

二、如何学习理论和运用理论

历史工作者要学好历史，必需学习马克思列宁主义。现在条件很好，马克思列宁主义的著作都翻译出来了，这是我们的幸运。新的一代，往往不知过去人们学习的甘苦，三十年前我当学生的时候，马克思列宁主义的著作翻译很少，而且，在那个时代，读这些书是非法的，只能偷偷地读，不然，被扣上“赤色分子”的罪名，就要坐牢、杀头。今天可不同了，党和国家为你们准备了充分的条件，大家应该珍惜这样的机会，善于利用这样的机会，努力学习才是。如何学习呢?

第一，要掌握马克思列宁主义的基本理论，最重要的是阶级斗争和无产阶级专政的理论，这是马克思列宁主义的核心。只承认阶级斗争，不承认无产阶级专政，还不能算是马克思列宁主义者。历史工作者要从阶级分析出发去研究历史。

第二，要学习辩证唯物主义和历史唯物主义。马克思列宁主义从来认为社会是不断发展变化的，新的事物总是要代替旧的事物的，貌似强大但处于衰朽的力量，最终是要被新生力量所代替，这是不以人们意志为转移的客观规律。要辩证地看问题，才不至片面化，说好就是百分之百的好，说坏就是百分之百的坏。

第三，人们的社会存在决定人们的思想意识，还是人们的思想意识决定人们的社会存在，这是唯物主义与唯心主义的根本区别。唯物主义者肯定人民群众创造了历史，肯定物质生产第一。所有这些基本论点都要好好掌握，运用它来指导我们的研究工作。应该认识到，历史的发展是一个复杂的、曲折迂回的过程，我们要从浩如烟海的史料中找出主要的基本的东西，没有正确理论的指导是不行的，所以要认真地学好马克思列宁主义，认真学习毛主席的著作。

同时，学习要有的放矢，研究某个具体问题时，就学习和这问题有关的理论，研究的问题越多，学习理论的方面也就越广，边研究，边学理论，这样收效可能大些，能切实做到理论和历史实际的结合。

三、如何搜集史料和掌握史料

不论做研究工作还是教学工作，都要掌握有大量资料，哪怕是最细小的问题，也要掌握大量的、充分的资料，而且要经过科学的、严格的审查。在这个基础上，再经过认真的研究，提出理论来。马克思写《资本论》，不是凭空想出来的，而是运用了一千五百多种资料，经过多年的研究，才写成这部巨著的。

史学工作者掌握史料，有两个要求，即广和深。

所谓广，就是基础知识要广。无论研究中国史还是外国史，对中国的历史都要有基本的了解。例如：历史发展的整个趋势，各个时期各个阶级的对立情况，各个朝代的更替，历史上的重大事件，各民族基本情况，杰出的历史人物以及主要的科学、文学成就，各个时期的主要的作品等等，都应该有所了解，这样，就掌握历史的全貌。

所谓深，就是钻研要深。对某个具体问题，或者是断代史、专史，就不只是广的问题，而是要钻得深，要尽最大可能，掌握所有有关史料，而且要有自己的见解。

搜集史料、研究史料的方法，就是要多读书，先读那些主要的、非读不可的书，再读一些有关的书，要有计划有步骤地、分期地读书，有些书还要背诵，并且要多抄，多写提纲，多做卡片，这样可以更好地消化，帮助记忆，达到充分地、大量地掌握史料的目的。

从事教学工作的同志，其主要任务当然是教学，但要做一个优良的教师，就非进行科学研究不可，科学研究是提高教学质量的重要手段，不能设想，不从事科学研究而能提高教学质量！光照教科书念一遍，学生都认得汉字，又何必要你这位老师呢？所以教师同样地要刻苦踏实地从事科学研究工作。这一点和科学研究人员没有什么不同。但是教师的科学研究，主要是为教学服务的，应该研究教学中存在的主要问题，以提高教学质量。从这一点说来，教师和科学研究人员又是有所不同的。

如上所说史和论应该是统一的，论不能代替史，论在史之中，不是在史之外。因此，就要运用正确的方法，掌握大量的、充分的、可信的史料，加以合理的安排，通过对史实的讲述，把观点体现出来。例如对曹操的评价，过去旧史家从正统观念出发，骂曹操是“乱臣贼子”，我们应该摈弃这种正统论，从正确的历史事实出发，看他对当时历史是起促进作用还是破坏作用。用这样的观点来衡量他，那么，只要把真正的史实摆清楚了，观点自然就出来了，所以我们说：“论从史出。”

四、加强基础知识和基本技能的问题

什么是基础知识？首先就是人类历史、中国历史发展的基本规律。五种社会形态，是人类历史发展必经的过程，当然也有个别的例外，例如某一些民族没有经过奴隶制或封建制。这就要求历史研究必需从实际出发，从当时当地出发，要实事求是，不能“想当然耳”，以愿望代替历史实际。所以掌握基本理论，必需和具体问题结合，运用于学习和研究中。

其次，要了解历史的全貌，打好基础，否则断代史或专史都研究不好。例如，研究唐史，如果不了解通史是不行的，因为历史是连续的、绵延的，它有着继承发展的过程。例如唐朝初期虽然信佛教，但是唐朝的皇帝姓李，有少数民族血统，他们要找一个有名人物作为自己的祖先来抬高在社会上的地位，就把老子抬出来当祖先，所以就把道教放在佛教之上。到了武则天时，从《大云经》里找出女人当皇帝的根据，佛教抬了头，又把道教降低了。可见宗教的斗争是反映了当时政治斗争的。如果对这时期的前后历史不了解，又如何能了解这种斗争的复杂性呢？因此，研究断代史或专史，都应该以通史为基础，研究外国史也是如此。

第三，知识要广博、具体。历史上的典章、制度、文物等普通常识，都应该知道。如京戏里的“太师爷”是什么，一般看戏的人可以不懂，但学习历史的如果不知其来历，不知道这个名词在不同历史时期的意义，就说不过去了。又如现在行政区域叫省，究竟从何时开始，为什么称“省”，也应该知道，不知道“省”的来源，就不懂得历史上行政区域的演变和形成，对今天省区的意义也就很难理解了，不知古也就不能知今，这些都是基本知识，读历史的人应该懂。所以，一方面要学习理论，另方面要学好专业知识。没有或者很少专业知识，这样的人叫什么都可以，不过，无论如何不能叫作历史工作者。

基本技能的训练，关键是文字问题。过去我们年轻的时候要读古文，而且要背诵，我读过《左传》，全部背过，现在虽然背不出来了，但印象还是有的。而且背熟了，懂得古文的规律，再读其他古书，困难就会少些，虽然不敢说全懂，但起码能够掌握绝大部分。现在，年轻的一代，古文读得少，文字还没有过关，这是一个严重问题。学习中国历史，一定要能够阅读古代文献，如果不懂古文，就读不懂，更谈不上研究了。所以文字这一关必需要过，否则这些人就被关在历史研究的大门之外了。特别是我国历史悠久，史料多，范围广，内容丰富，如果不掌握古代汉语，怎么行？当然，有些古代文献可以翻译成现代汉语，但全部翻译目前还不可能，有人翻译《书经》，几年才译了一章。而且翻译出来的文字，是不是完全符合原来的意思，也不能说没有问题。而且，即使有了译本，因为经过译者的转译，总比读原文有距离。所以我建议大家下点苦功，读一些古书，可以读《资治通鉴》，哪怕是读其中一部分也好。通过专著的阅读，掌握古文规律，这本书读懂了，别的书也就能懂了。或者，从《古文观止》选二三十篇来背诵。要细读，精读，不要放过其中一句一字，有了二三十篇不同风格、体裁的古文作底子，读别的古典文献就有了敲门砖了。这样，问题就差不多可以解决了。再重复一句，要学好中国历史，必需过文字这一关。当然开始时是会有困难的，但愈难就愈要做，青年人应该有这样雄心壮志。这只能靠自己的努力，紧张点，出点汗，是有好处的。

要学好古文，就必需掌握工具书，要学会查《康熙字典》、《辞源》、年表、人名大辞典、地名大辞典等等，不懂就查，一点也不放过，日子久了，知识也就丰富了。

学习外国历史的，至少要懂一门外国语。当然，越多越好。此外，也要懂点地理知识，比如讲淝水之战，连淝水在什么地方都不知道，地理形势更说不上，那就很难讲好。

学习本身是顽强的劳动，古今中外有名的学者，都是经过艰苦努力，才取得出色的成就。马克思说过这样的话，在科学上面是没有平坦的大路可走的，只有那在崎岖小路的攀登上不畏劳苦的人，有希望到达光辉的顶点。请大家记住这一点。

（原载《光明日报》，1962年1月4日）

论历史人物评价

一

关于历史人物评价问题，毛泽东同志在二十四年前就已经明确地指出："学习我们的历史遗产，用马克思主义的方法给以批判的总结，是我们学习的另一任务。我们这个民族有数千年的历史，有它的特点，有它的许多珍贵品。对于这些，我们还是小学生。今天的中国是历史的中国的一个发展；我们是马克思主义的历史主义者，我们不应当割断历史。从孔夫子到孙中山，我们应当给以总结，承继这一份珍贵的遗产。这对于指导当前的伟大的运动，是有重要的帮助的。"[①]要求对历史人物，从孔夫子到孙中山，用马克思主义的方法给以批判的总结。但是这个任务，一直到现在，还在期待着我们去努力完成。为什么要重新给以总结？这是因为"所有以往的道德论，归根到底都是社会当时经济状况的产物。而因为直到现在社会是在阶级对立之中发展，所以道德总是阶级的道德。它或者是为支配阶级的统治和利益辩护，或者是当被压迫阶级足够强大之时，它表现对于这个统治的抗争，而代表被压迫者的将来的利益"[②]。所有历史人物无不受其阶级道德的支配，中间式的人物是不可能存在的。同样，记录这些历史人物的历史家，也无不受其阶级道德的支配，对历史人物加以肯定或否定。就我国的历史情况来说，漫长的封建社会经历了无数次的王朝更替，没有例外，

①《毛泽东选集》，第2卷，522页。

②恩格斯：《反杜林论》，96页。

封建社会的历史家不可能不受封建道德的支配，以他自己所处社会的道德观点，对历史人物作出符合于这个社会这个阶级利益的总结。以此，我们今天必须用马克思主义的方法，把这些封建社会历史家的总结，重新加以审查、研究，给以批判的总结。“全部历史都应该开始重新研究。”①

重新评价历史人物的工作，五四时代的人们也曾经做过，但是有缺点。“那时的许多领导人物，还没有马克思主义的批判精神，他们使用的方法，一般地还是资产阶级的方法，即形式主义的方法。……他们对于现状，对于历史，对于外国事物，没有历史唯物主义的批判精神，所谓坏就是绝对的坏，一切皆坏；所谓好就是绝对的好，一切皆好。这种形式主义地看问题的方法，就影响了后来这个运动的发展。”②

解放以来，历史学界有充分的条件和机会学习马克思列宁主义和毛泽东同志的著作，运用辩证唯物主义、历史唯物主义的方法，研究、分析、总结历史人物，作了许多有益的工作。特别从1959年以来，对曹操、武则天、康熙等历史人物，展开了规模广阔的讨论，在历史学界、文艺界呈现了百花齐放、百家争鸣的可喜局面，消除了一些人们思想中的顾虑，鼓励了深入钻研的积极性，并且从这些历史人物的讨论中，提出了民族关系、战争性质、农民战争作用等等一系列问题。范围更宽了，目标更具体了，争鸣也愈益深入了。这就为今后的学术研究呈现了良好的开端。

无须多说，成绩是巨大的，但是也还有问题。

问题也还是形式主义地看问题的方法在作怪。尽管离开五四时代已经四十多年了，尽管在讨论中不再出现“绝对的好，一切皆好；绝对的坏，一切皆坏”的绝对论了，但是形式主义的残余还不是没有市场。在某些讨论中，对应该肯定的人物，连不该肯定的部分也肯定了，相反，某些人没有

①恩格斯：《致康·施米特》，见《马克思恩格斯文选》，第二卷，487页。

②《毛泽东选集》，第3卷，833页。

正确理解阶级分析的方法，胡乱替古人作阶级鉴定，结果，把一些地主阶级的历史人物一笔抹煞了，历史时期的帝王将相即使曾经作过好事，也因为阶级成分而不敢提到或很少提到。这种情况，不能不造成许多方面的混乱。

前一种情况，正如黑格尔所说的："我们太容易倾向于拿我们的思想方式去改铸古代哲学家。""人们总是很容易把我们所熟悉的东西加到古人身上去，改变了古人。"①我们的某些好心肠的历史家、文艺家，太容易于拿我们的思想方式、我们所熟知的东西，加到古人身上去，不但改铸了古人，还使古人现代化了。个别的甚至为了肯定某一历史人物，把他所犯的历史性错误也说成是对人民的功绩，把是非混淆了。过分颂扬，结果流于夸大。本来这人只有六七分好，如实地科学地说他六七分好，是可以使人们信服的；但是颂扬过分了，说成十分，以至十二分好，却反而失去历史真实性了，得不到共同的结论了。后一种情况，例如某些人对历史人物，除了农民战争的领袖以外，大部分都采取否定态度。或者虽然加以肯定，但是在结论又千篇一律地加上"限于时代局限性，没有能做后来的人所做的事"云云。有的历史教科书，在曹操的讨论以前，不敢提曹操的名字，把这个历史人物根本从历史上排除了。即使在讨论以后，某些教科书也只敢提学术界曾经论定的人物，如秦始皇、汉武帝、曹操、武则天等等，其他的则尽量避免，万一不能不提到，也很少说他们的好话，结果是历史教科书中的历史人物越来越少了。离开具体人物，却要叙述具体的历史事件，这就人为地使原来极为丰富的历史内容，空洞化、一般化了。千篇一律的论述，不能不使年青的读者感到厌烦、沉闷，只好束书不读了。在戏剧方面，也是如此。例如最近一个时期，全国出现了七八十种《卧薪尝胆》的剧本，其中有些已经上演了。绝大多数剧本写越国如何自力更生，发展生产，最后战胜吴国，主题是好的。但是，绝大多数剧作者，都

①黑格尔：《哲学史讲演录》，第1卷，46、112页。

有一个共同的看法，以为勾践既然是国王，他不是奴隶主，也必定是封建主，不会是个好东西，办不了好事。但勾践实际上又做了好事，怎么办呢？于是就抬出人民群众来为他出主意。卧薪也罢，尝胆也罢，都是老百姓叫勾践做的。这样，勾践就成为接受人民群众意见，甚至于被人民群众所领导着走的国王了。观众看了以后，不大能够接受，认为这只是作者笔下的勾践，不是历史实际上的勾践。当然，强调人民群众在历史上的作用是应该的，必须的。但是，用这种虚构的方法来强调，违反了历史的真实性，却不一定是好办法。应该说，历史上的帝王将相，就他们的剥削者立场来说是一致的，但是，并不是而且也不应该从此得出结论，说他们连一件好事也没有做过。历史事实证明，某些帝王将相曾经做过好事，其中有些还做了大大的好事。当然，他们也做了不少坏事。假如历史家只说他们好的一面，替他们隐瞒了坏的一面，也是不对的。据说还有一个戏，反映广东三元里的抗英斗争。当时领导抗英的有一个地主阶级分子，剧作者却认为地主阶级分子怎么能够领导人民群众抗英呢？就把这个具体人物抽掉，换上另一个阶级成分好的来领导。结果，戏是演出了，可是当地人民不批准，说这个戏不真实。这些例子都说明了我们还有形式主义的残余，把个人在历史上的作用理解得过于片面了。不敢写某些帝王将相，不敢写当时的领导人在历史上的作用，或者不敢写个人、特别是地主阶级分子个人在历史上的作用。只认识人民群众推动历史进步的一面，不认识某些伟大历史人物在历史上起作用的一面。把阶级分析片面化了，庸俗化了，把“唯物主义的”这个形容词当作套语，如恩格斯所指出的：“他们用这个套语去处理各种事物，再也不花什么气力去作进一步研究，也就是说，他们一把这个标签贴上去，就以为一切都解决了。……把自己相当贫乏的历史知识尽速构成系统，而后自豪地欣赏自己的功业。”[①]这样做法是不科学的。

---

①《马克思恩格斯文选》，第2卷，487~488页。

也还有这样情况，编写文学史、艺术史、哲学史、科学史的人经常感觉苦恼。许多文学家、艺术家、哲学家、科学家的出身不是地主阶级，便是贵族、官僚，他们对文学、艺术、哲学、科学等方面都是有出色的成就的，但阶级成分不好，怎么办？就他们的成就说必须肯定，就他们的阶级成分说却非否定不可。假如全否定了，这本书没法写，写谁呢？全肯定了，又怕犯错误。真是左右为难，如何是好。

以此，有必要说清楚个人在历史上是否有作用，如何评价历史人物的问题。

二

个人，无论是劳动人民，还是帝王将相，在历史上能否起作用？回答是肯定的。马克思列宁主义经典作家从来也没有否认过个人在历史上的作用。马克思在1850年论法兰西阶级斗争时说过："如黑尔维萃所说的那样，每一个社会时代都需要有自己的伟大人物，如果没有这样的人物，它就要创制出这样的人物来。"[①]列宁也讲过："历史是由个人创造的这一原理在理论上毫无意义。全部历史本来由个人活动构成，而社会科学的任务在于解释这些活动，……"[②]他又说："历史必然性的思想也丝毫不损害个人在历史上的作用，因为全部历史正是由那些无疑是活动家的个人的行动构成的。"[③]

这样，是否就可以说，个人决定着历史呢？当然不可以。必须区别开个人在历史上起作用是一回事，个人不能决定历史的进程是另一回事。把两者混淆起来是错误的，不可以的。恩格斯在驳海因岑的谬论时写道：

①《马克思恩格斯文选》，第1卷，171页。

②《列宁全集》，第1卷，375页。

③同上书，139页。

"海因岑先生硬说君主能造下多少灾祸，他们也就能做出多少好事。由此做出的结论却不是必须进行革命，而是虔诚地希望有一位可爱的国王、好心的皇帝约瑟夫。"但是人民清楚："德国十分之九的灾难却正是由于地主和资本家剥削人民造成的！"[①]可见历史不是由个人决定的，任何个人也不能决定历史的进程。

那么，在什么情况下，个人才能在历史上发生作用呢？

列宁答复了这个问题，他说："阶级斗争理论所以是社会科学取得的巨大成就，正是因为它十分确切而肯定地规定了把个人因素归结为社会根源的方法。……归结为阶级的活动，而这些阶级的斗争决定着社会的发展。这就推翻了主观主义者的天真幼稚的纯粹机械的历史观，他们满足于历史是由个人创造的这种空洞的论点，而不愿分析这些个人的活动是由什么社会环境决定的，是怎样决定的。"[②]由此可知，肯定个人在历史上的作用只是问题的一面，更重要的更根本的是必须说明个人是在什么社会环境下起的作用，是怎样起作用的，即说明他的历史根源和社会根源，这才是问题的本质。斯大林又进一步发挥了列宁的论点，他说："马克思主义一点也不否认卓越人物的作用，或者说，一点也不否认人们创造历史。……正是人们创造历史，但是只有当他们正确地认识他们所碰到的现成条件的时候，只有当他们懂得怎样改变这些条件的时候，他们才能创造历史。"[③]明确指出只有当人们正确地认识当前的社会条件，并懂得怎样改变这些条件，个人才能在历史上发生作用。

从以上引述的论点，可以看出，马克思、恩格斯、列宁、斯大林所说的个人，并不只是单指劳动人民，更不可能指的是现代无产阶级，而是泛指过去历史时期内一切历史人物，其中是包括了奴隶主、封建主、资产阶

①《马克思恩格斯全集》，第4卷，300页。

②《列宁全集》，第1卷，388~389页。

③《斯大林全集》，第13卷，94~95页。

级、贵族、地主和官僚的，也包括我们的历史家们这几年来所避谈的帝王将相。

由此可见，帝王将相是谈得的，写得的。问题是如何谈？如何写？也就是怎样评价？

评价历史人物的标准是什么呢？列宁给我们提出了一个根本原则："判断历史的功绩，不是根据历史活动家没有提供现代所要求的东西，而是根据他们比他们的前辈提供了新的东西。"①就是说，不能以现代的东西来要求、苛求于古人，而只能根据当时的历史条件，他们比他们的前辈多提供了什么新的东西。我们必须以此为准则。标准有了，但在实践中仍然有许多问题。这是因为：第一，评价的对象是人。这人和那人是各不相同的，实际上不可能存在思想意识，行动和作用完全相同的人，以此，分析了一个历史人物并不能代替对其他人物的分析。人很复杂，不像解剖一个猪就可以了解猪的生理那样。而且历史也很复杂，不同的历史人物产生在不同的历史时期，有不同的历史条件，不同的历史作用。从每一个具体人物说，又有不同的家世、性格、思想、政治情况和社会根源。因此，光是了解个别历史人物是不能说明整个历史进程，也无从继承这份珍贵的遗产的，还必须对不同历史人物作逐个的具体的研究、分析和评价。第二，评价的对象是过去时代的人，是死人。我们只能根据文献资料进行研究，而这些文献资料又是在不同的时代染上各个时代的道德标签的。某些引起争论的历史人物，往往随时代之不同而有截然不同的评价。甚至在同一时代，由于政治见解、观点等的不同，记录的史家也会有不同的记载，如此等等。不花费气力，掌握可能到手的全部资料，深入研究，是不能解决问题的。第三，历史工作者一般只有基础知识，是不可能完全掌握各方面的专业知识的，而作为对象的历史人物却千变万异，他们在各个学术部门的

①《列宁全集》，第2卷，150页。

成就，超过前人的是哪些新东西，却非通过专业史的研究不能解决的。这里就有通史和专业史的分工协作问题。总之，问题是很多的，我们的工作才刚刚开始，还需进一步的努力。

三

根据几年来对若干历史人物的总结，对如何评价历史人物问题，提供以下一些初步的不成熟的意见。

第一，评价历史人物是依据今时今地的标准呢，还是依据当时当地的标准？

这个问题看来很简单，一般人都会说当然应该依据后者，但在实践中往往忘记了，却用前者来衡量古人。

很显然，在评价历史人物的时候，必须把这一人物放在他所处的历史时期，和同时代人比，和他的前辈比；而决不可以拿今时今地的条件和道德标准来衡量古人，因为假如这样做，就会把历史搞成漆黑一团，没有一个卓越的可以肯定的历史人物了。从整个历史发展来看，在奴隶社会代替原始公社时，奴隶主曾经是进步的力量；封建社会代替奴隶社会时，地主又曾经是进步的力量；当资本主义社会代替封建社会时，新兴的资产阶级也曾经是进步的力量。当然，在各个社会的生产力起了变化，和生产关系不相适应，生产关系束缚了压制了生产力发展的时候，奴隶主、封建主、资产阶级才成为阻碍社会进步的反动力量，被新兴的阶级所反对、推翻。阶级斗争的结果，推动了社会的前进。所有这些，都不能不加以分析。不能一见历史上的奴隶主、封建主、资产阶级等等，就喊打倒。笼统地喊打倒，是打不倒的。正确地评价历史人物，不能采取这种方法，而应该从当时当地人民利益出发，看他所作所为是好是坏？对当时生产是起促进作用还是破坏作用？对文化艺术是起提高作用还是摧毁作用。例如越王勾践，他虽然是剥削者，但在两千四百多年前，他采取休养生息，自力更生，发展生产等措施，使人口增加，经济文化发展，国家富强，摆脱了吴国的奴役，取得独立，这些都是对当时越国人民做了好事，也为后来浙江这一地区的发展做了好事，不能因为他是剥削者就把他否定。而且，就当时的情况说来，他为了自己的生存和发展，发愤图强，他的利益和越国人民的利益是一致的。一方面他可以而且必须接受人民群众的好意见，另一方面他自己也必然会出些主意，作出些决定。片面地突出人民群众的智慧和力量，把勾践写成一无所能，缺乏主张，只会接受意见的老好人，看来是不很符合历史实际的。又如秦始皇统一六国，奠定中国两千多年以来统一国家的局面；抵抗匈奴的入侵，保卫北方边境人民的生产和生活；以及推行了一系列有利于统一的政治措施。汉武帝不但继承了秦始皇的事业，还在原有的基础上，加以巩固和发展；在对匈奴的几次战争中，扭转了长期屈辱被侵略的局势；建立学校；兴修水利等等。他们对当时人民做了有利的事，都应该是历史上肯定的卓越人物。

评价任何历史人物，一定要采取实事求是的态度，好的肯定，坏的否定。至于有功有过的，就要看他的功大还是过大，要严肃地加以分析，例如曹操，他起兵镇压黄巾，杀过一些知名之士如孔融、杨修、华佗等人；军法残酷，围而后降者便屠城，这些确是坏事，不应该替他掩饰。但是他也做了更大的好事。他把长期战乱、民不聊生的北方统一了；建立了法制；减轻了人民负担，发展了生产；还提倡文学艺术；打败乌桓，保卫了边境的安全。总的说来，他是功大于过的，是个应该肯定的人物。

但另一面，也必须指出，肯定某些历史人物，决“不是颂古非今，不是赞扬任何封建的毒素。对于人民群众和青年学生，主要地不是要引导他们向后看，而是要引导他们向前看”①。目的是从对历史人物的总结中，

①《毛泽东选集》，第2卷，701页。

引出某些经验教训，吸取某些珍贵的东西，作为今天的借鉴，有助于社会主义建设事业。决不可以被祖先的阴影所罩住，不要像某些封建史家那样，对古人一唱三叹，低回而不能自已，认为是空前绝后的。很显然，我们如果局限于前人已有的成就，就会停滞不前。我们一方面要认为有这样一些好祖先是值得欣喜的，一方面要下决心把我们今天的工作十倍百倍地超过我们的祖先，要强爷胜祖。

第二，评价历史人物要从生产斗争和阶级斗争出发，归结为阶级的活动。

历史是从斗争中发展的，没有生产斗争和阶级斗争，也就没有历史。历史人物也是从斗争中成长的，他的活动必然要符合本阶级的利益。我国有几千年的文明史，积累了丰富得无比的经验，记录了伟大的成绩。我们祖先从生产斗争中取得某些有益的经验，其中有些对今天来说也还是有现实意义的。例如秦代李冰修的都江堰，直到现在人民还受益。经过长期的经验积累，人们总结了“深淘滩，低作堰”六个字刻在岩壁上。当地人民世世代代都在纪念这位治水专家。又如我们祖先的治水经验，有的主张疏浚，有的主张筑堤，两者都有片面性。疏浚把河床挖深，让水白白流掉了；筑堤把水拦住，结果一遇特大洪水，堤岸被冲垮决口就泛滥成灾了。有了几千年和水灾斗争的经验，我们就把两者结合起来，疏浚和蓄水并举，既加深了河床，又建立了类型不同的无数水库，变水灾为水利，在连续三年的大旱灾中，发挥了抗灾作用，这经验主要是由于总结历史教训得来的。在阶级斗争的历史教训中，远的不说，以明末农民战争为例。李自成率领的农民军力量很强大，但在攻下北京城以后，有人提出军队不要进城，保持严格的军事部署，李自成没有采纳。军队进了城，被都市生活所腐蚀，军纪和战斗力都衰退了，许多好军官抢着弄钱，搞女人，也腐化了。结果，在清军突然袭击之下，遭到了失败。又如太平天国定都南京时，军事力量也是十分强大的。只是由于太平天国领导集团内部不团结，互相残杀，使军事上政治上都受到极大的损失，因而遭致失败。又如辛亥革命，在政治上没有提出鲜明的反帝反封建的号召，在组织上没有发动人民群众，是失败的主要原因。这些教训都是用鲜血写成的，前车之覆，后车之鉴，对后来的革命斗争是起了反面教员的作用的。由此可见，通过对历史人物、事件的评价，可以吸取某些有益的经验、教训，学习他们某些优良的品质，批判地继承前人遗产，运用到实际工作中去。

第三，评价历史人物要从整个历史发展出发，从几千年来多民族国家的具体事实出发。

任何历史事件，决不可能是孤立的，必然有它的先行的因素，当时的社会条件，和以后的历史影响。例如秦始皇修万里长城，在此以前，燕、赵各国为了防御从北方来的侵略，早已修了长城。到秦始皇时，匈奴越发强大，入侵更加频繁。匈奴是游牧民族，倏来倏去，为了防御匈奴的入侵，在北边的边防线上，每一处都驻扎有强大的国防军是不可能的。秦始皇利用旧时代的长城，把它连接起来，并加以延长，在重要军事据点，配备了适当的军事力量。这一浩大工程，在当时确是花了不少人力，也死了不少人。但长城建成后，却起了抵御外来侵略，保障人民生活安定的作用。以后许多朝代都曾经补修过，现在八达岭一带的长城，就是十六世纪后期修建的。不能设想，长城要是完全没有作用，后代又何必多次补修！从这一点说，秦始皇是有功的。又如隋炀帝修运河，过去很多人都骂他。隋炀帝不是好人，这是事实，但连修这条运河都骂，就有点过分了。当时一无公路，二无铁路，南北的物资运输只有靠人力、畜力，是很困难的。隋炀帝利用古代的几条运河，把它们挖深、连接并加以延长。这条运河的修成，不论对南北的经济交流和发展，还是对促进国家的统一，都起了很大的作用。不但在当时有好处，对后代也有好处。明清两代的南粮北运，主要就靠这条运河。即使是今天，有了铁路、公路、海道运输了，假如在条件许可时，重新修整这条运河，对国家的经济建设还是有好处的。另一方面，我国是多民族的国家，今天的社会主义多民族大家庭是由长时期的历史发展所形成的。要看到今天的情况，也要看到历史上的不同情况。例如秦始皇对西南地区的经营，开灵渠，设郡县等等；汉武帝对江浙地区、西南地区的开发，通西域等等；以至明初对贵州的开发，明代西南各少数民族地区的改土归流，元、明两代对西藏的加强联系；直到清初专门设有管理西藏事务的官员；清代把台湾和新疆建为行省等等，都是用先进的生产技术、文化去提高落后地区，通过各民族成员的共同的长期努力，互相支持，才造成今天中华人民共和国的各族友爱相处的局面。当然，在各个不同历史时期，确曾发生过或大或小的战争，造成了损失。这些战争，有些是由汉族统治阶级发动的，也有些是由少数民族上层领袖发动的。关于每一次战争的发动及其性质、意义，都应该作具体的研究和分析。决不应该轻率地加上这种那种不适当的标签，而必须从整个多民族国家发展的历史出发，予以足够的重视和估计。同时，还必须认识到在漫长的历史时期中，我国内部民族之间的战争并不是经常的、主要的，不是成天在打仗，而是有的时候打仗。起主要的、经常的作用的是各民族人民的和平共处，共同努力缔造我们这个多民族的国家，这是历史的主流。以此，孤立地片面地看待这些问题是不对的。要从当时当地出发，也要从整个历史发展出发，从多民族国家的前提出发，全面地历史地看问题。只有这样，才能正确地评价历史人物和历史事件。

第四，评价历史人物应从政治措施、政治作用出发，而不应该从私人生活方面出发，也就是政治第一，以政治为衡量历史人物的尺度。

当然，个人的生活、作风是有影响的，但不是主要的。主要的是政治措施和作用。人们熟知的曹操和武则天两个历史人物，一千多年来都是挨骂的对象，搞得很臭。骂他（她）们的人主要从他（她）们的个人生活方面出发。例如曹操，骂他的人无非说他挟天子以令诸侯，欺侮汉献帝，杀死伏皇后，造成了曹家的军事和政治势力，自己比作周文王，到他儿子曹丕就取汉献帝而代之，篡夺了刘家的政权。以此骂他是奸臣，演戏的给他涂上白花脸。其实，只要细读历史，在当时的情况下，是汉献帝比曹操强，还是曹操比汉献帝强，是谁能够统一和安定北方，这是无须细说的。既然是封建社会，总得有个皇帝，姓刘的可以作皇帝，姓曹的又为什么不可以呢？奸臣这顶帽子是封建道德造成的，也是正统观念造成的。三国以后，南宋偏安江浙，却自居为正统，朱熹写历史，就不能不帝蜀寇魏，把曹操骂个痛快。现在时间隔了一千七百多年了，封建社会已经送进历史博物馆了，我们研究历史，为什么还要跟朱熹走？至于逼帝杀后，那是政治斗争呀。献帝一党要夺回政权，曹操要继续把持政权，曹操不逼帝杀后，难道叫他自缚送死不成？至于武则天，说她是一个十全十美的人物是不对的，她也和其他封建帝王一样，有许多缺点。但就政治来说，离她不远的唐代大政治家陆贽、李绛对她的评价都很高，因为他们从她知人善用，人民生活安定这一点着眼。宋朝宋祁虽然骂她，还不能不说她：“僭于上而治于下。”从现在看来，在历史上姓李的作皇帝也可，姓武的作皇帝也可，僭不僭不干我们的事。主要的是“治于下”三个字，政治上轨道，百姓生活安定了，难道不是极大的好事？虽然当时也有人骂她，例如骆宾王，理由不过说她是女人不该作皇帝，骂她不该改嫁。这个道理不必说现在，就按唐代那时的封建道德标准说，也是站不住脚的。到北宋时，道学家们讲贞节，女人要从一而终，甚至“宁可饿死，不可失节”，才大骂特骂起来。直到明末的李贽，清朝的赵翼，虽然也在某些问题上骂她，但在政治上却给她讲公道话。赵翼指出她的政治成就是主要的，是根本的，私人生活是末节，是小事。这是很公允的评价。应该肯定，武则天并不是完美无缺的人物，但她在政治上做了许多好事，至于私人生活则不过是次要的，是末节。把根本的主要的抹煞了，专攻其末节，这是封建时代道学家的思想在作怪，不是今天的马克思主义的历史家所应该采取的。

于此，附带地谈一个问题，要做到正确地评价历史人物，就必须正确地运用历史唯物主义的观点来分析史料，既不要离开历史人物所处的时代，又要善于区别史料和时代的关系。一般地说，凡是在当时历史上起过作用的人物，在当时和后代都会有不同的意见。什么看法才对？主要应该根据当时当地大多数人的意见。还是拿武则天作例子，是根据唐朝大政治家对她的评价，还是根据宋朝道学家对她的评价？这是个关键问题。应该弄清楚，在唐朝，女人改嫁不是什么丑事，民间不必说了，就是皇室，有的公主就曾改嫁过两三次。到了宋朝，讲理学，讲封建礼教，讲贞节牌坊，才改变了对改嫁妇女的道德标准。社会道德观念的改变，影响了对历史人物的评价。从欧阳修、宋祁，一直到明朝的胡应麟、王夫之，都把武则天骂得很厉害，并且时代愈后，骂得愈凶，就是这个道理。

第五，要注意阶级关系，运用阶级分析的方法来研究历史人物，但是不可以绝对化，把阶级成分作为评价历史人物的唯一尺度。

历史人物中，这个人是统治者，还是被统治者，是地主阶级，还是农民阶级或小手工业者、商人，这是必须注意的。无论如何，被剥削者的农民不会和统治者的地主有一模一样的思想感情。当农民被勒索，被鞭打的时候，他怎么可能和他的对立面有同样的感受呢？反过来，贵族、地主、官僚们也不会具有和农民同样的勤劳、朴素的美德。不同的阶级有不同的立场，评价历史人物而忽略了阶级关系，当然是错误的。但是，也还必须注意另外一个方面，即统治阶级思想所给予被统治阶级的影响。“统治阶级的思想在每一时代都是占统治地位的思想。这就是说，一个阶级是社会上占统治地位的物质力量，同时也是社会上占统治地位的精神力量。支配着物质生产资料的阶级，同时也支配着精神生产的资料，因此，那些没有精神生产资料的人的思想，一般地是受统治阶级支配的。”[①]长期被统治的农民，在精神生活方面，一般地说是受统治阶级支配的。以此，研究、分析历史人物，而不去研究、分析这个历史时期的统治思想，就不可能得到有效的结果，以致许多问题都会弄不清楚，不知其所以然。

还应该特别注意，阶级出身决不是评价历史人物的根本条件，必须注意，但决不可以绝对化。有些人却以唯成分论来评价历史人物，这就大错特错了。例如有人讲文学史，讲到王维、董其昌等人物，就感到不好办，因为他们是有名的诗人、画家，而又是大官僚，大地主。由于他们的阶级成分不好，于是就发生了对他们的作品，对他们个人如何评价的问题。有的人怕说他们在艺术上的成就，认为这样做是为地主阶级长威风；有的干脆给他们改变成分，说他们是中小地主，以为这样一来，就可以心安理得了。其实，问题不在于他们的阶级成分，主要是要看他们当时在文学、艺术上有什么成就，对丰富、提高祖国的文化事业有什么贡献，比他们的前辈多提供了什么新东西，只要有贡献，有新东西，在文学史、艺术史上就应该肯定，丝毫也不必迟疑。相反，如果光拿阶级成分来评价历史人物，那就糟了，因为这样做的结果，几乎所有卓越的历史人物都要被否定了。道理很明白，在封建社会里，几乎只有统治阶级的子弟才能享有文化学习的机会，农民们终年劳动，连肚子都吃不饱，哪里有可能去学习文化呢！（少数的当然也有，但是，当他们有了成就以后，绝大多数就参与了统治阶级的统治，改变了阶级成分。）自然地，什么政治家、军事家、文学家、书法家和大画家等等，就大都出身于地主阶级。我们决不可以因为这些人的阶级成分而否定他们在历史上的成就和地位。

第六，评价历史人物，决不可以拿今天的意识形态强加于古人。把古

①马克思、恩格斯：《德意志意识形态》，见《马克思恩格斯全集》，第3卷，52页。

人现代化了，不但歪曲了历史，是非历史主义的，而且也失去了对今人的教育意义。

这里只举一些历史论文作例。例如有的农民领袖确是做了好事，但是历史上记载他的事迹却很少；于是有些写作者为了美化这个人物，便只好凭借想象赋予这个人以某些现代的思想意识。又如李自成和太平天国都没有普遍地实行分田，虽然关于李自成有山东一个县的材料；关于太平天国有天朝田亩制度的记载，但是并不能证明当时农民都曾经分到田，把地主阶级消灭了，要知道消灭地主阶级只是有了共产党以后才有的思想和事实；有些论文和讨论会中的发言，对这个问题强调得多了一些，也是不符合实际的。

在通史里提到古代哲学家的时候，似乎也不缺乏类似情况。在古代哲学家的脑门上贴标签的现象，看来不在少数。例如某人写了一些或讲了一些有唯物观点的话，便被封之为唯物主义的哲学家，其实，要是细心阅读这个人的著作，唯心论的东西还有一大车哩，我们的历史家似乎便不大愿意管了。相反，有些被称为唯心主义的哲学家，虽然这些人在某些方面还有一点唯物味道，说过一些正确的话，我们的历史家因为标签已贴，便也不大提了。其实在漫长的封建时期，由于生产力的落后，工业的不发达，小农经济占绝对优势，唯心哲学成为这个社会的统治思想是理所当然的事。同时，由于生活的实践，由于面对压迫者进行的斗争，某些人在思想意识中带有朴素唯物主义的东西，也是可以理解的。这样，唯心论者的思想体系中可能也会包含有某些唯物的观点，同样，某些朴素唯物主义者的论点中，也不可避免地会夹杂有不少唯心的观点，必须细心地、实事求是地去分析、研究。把两者都绝对化，特别是对某些唯物主义者的思想加以改铸，使之具有某些现代思想意识，看来同样是不符合于历史实际的。

综合以上各方面来研究、分析、评价历史人物，从具体出发，从历史实际出发，而不是从概念、原则出发，以实事求是的精神，郑重严肃的科学态度，有关的各个学科分工协作地来做，用马克思主义的方法，从孔夫子到孙中山，一一加以批判的总结，这个学习任务，我想是可以很好地完成的。

（原载《人民日报》，1962年3月23日）

关于研究历史的几个问题

——1962年5月4日对中国人民大学历史系和历史档案系同学的讲话

一、关于学习方法

最近接到一些青年朋友来信，说对历史有兴趣，但不知如何学？怎样才能学好？我看，要言不繁，答案只有两个字：念书。离开念书，学历史就不可能。书念得越多越好。为什么？道理很简单：对当前现实，国内外大事，我们生活在这时代，可以通过看报、看杂志、谈话、听报告等方式了解，得到知识。历史是过去的事，古代没有报章杂志，更没有人来做报告，所以只能从书本上得到知识。当然这只是大概言之，例如除书本以外，还可从田野考古获得历史知识，它能使我们了解光靠文献不能完全解决的人类早期历史。大家知道商朝历史的研究就是这样。周口店中国猿人的发现，最近在全国各地新旧石器、古代墓葬的发掘都提供了极为丰富的资料。此外，如古代建筑，这在北京是最典型的，要知道六百年以来的建筑艺术，可去参观一下故宫、天坛。再早些，五台山有一个庙就有一千年的历史。其他还有金石文字、墓碑等等。不过这些资料与文献相比，还是以书本为主。要了解考古、古建筑、古碑等的确切意义还是离不开书本、文献记载的。就研究历史而论，书本不是唯一的，但是是主要的。

书本所记载之内容不外两方面：一是生产斗争。人们与自然界斗争，争取生存，世代相传，从无知到有知，从片面到比较全面，知识便不断地积累起来。另一面是阶级斗争。毛主席说过：“阶级斗争，一些阶级胜利了，一些阶级消灭了。这就是历史，这就是几千年的文明史。”[①]历史所记录的无非是阶级斗争。人类知识大体说来就是这两方面。我们能离开这两方面来研究历史吗？不能。要深刻地了解这两方面，批判地继承历史遗产，就非念书不可。

浩瀚的书籍是祖先给我们留下的最丰富最宝贵的遗产。这是世界上没有一个国家一个民族能比得上的。我国的丰富而宝贵的历史遗产有这样一些特点：第一，时间长。有文字的记载达四千年之久，并且从未中断过。世界上一些文明古国，如印度、埃及的历史也是很长的，但历史记载曾经中断过，我国却没有这种情况。第二是内容丰富。除正史外，还有各种体裁的历史文献。例如方志，这是其他国家所没有的。从唐中叶起，一直延续下来。省有省志，府有府志，县有县志，连一个镇、一个商业点（如浙江乌青镇）都有志。有些大庙、名山、著名书院也有志。明朝国子监有南监北监，也分别有志，东林书院也有志。并且还有很好的传统：地方志大体上每十年总要修一次，以此，保存到现在的一个地方的地方志就有好几种。不但国家有历史，地方有历史，某些著名人物还有个人传记。也有许多史家为某一事件写专书的。此外文集中还有各种有关史料。过去有个风气，名人死后都要请人写墓志铭、神道碑，过去没有稿费制度，有些文人就靠写墓志铭、神道碑生活。三国时代的蔡邕写碑文很有名，他一生写了许多碑文，他自己说只有一篇是恰如其分的。顾亭林在评价韩愈时说，如他不写这些篇谀墓之文，学术价值就会更高一些。然而，反过来说，这也是好事，某些人物是不见于正史的，就靠这些碑文保存下来，并且，从碑文中也可找到某些找不到的有用的资料。

回来再说正史。从唐代起有个传统，每个皇帝都有专人把他每天的事情记录下来，叫“起居注”。虽是记的皇帝个人生活，但不免牵涉到国

①《毛泽东选集》，第4卷，1491页。

家大事。一个皇帝死后，新皇帝即位，就根据“起居注”加上各部门有关的档案，编成一部“实录”。皇帝在位多少年就有多少年“实录”。一个王朝被推翻了，下一个王朝照例要按前朝之“实录”修成前朝的历史。二十四史中大部分是这样编成的。其中《明史》修的时间最长，学术水平较高。《元史》较差，《宋史》更乱一些。辛亥革命后编的《清史稿》，里面错误非常之多，应该重新修订，最近有人打算重印。

学历史而不念书是不行的。要多念书，认真地多念书。离开书本研究历史就很困难。问题在于怎样念？如何念好？有些青年朋友还提出到底应该先念什么后念什么？我看是得有个方法。正确的方法是应该先念基础、必要的书。无论学中国史、外国史都一样。就中国史而言，首先要有通史的知识。几千年历史发展的概况，主要事件的变化、发展应该知道。当然不可能每件事都知道。一方面，我们的历史知识总是不完备的，再过几十年、几千几万年都如此。另一方面，我国历史内容无比丰富，每件事都记得是不可能的。因此，学历史必须掌握基本的东西，否则就谈不上进一步研究。不久前听说，有个别历史系毕业生连中国历朝的顺序都说不清，谁先谁后？是父亲？是儿子？都搞不清，怎么能谈得上研究历史？应该承认，中国历史上的年号确是相当麻烦。幸亏明太祖做了一件好事，他立下规矩，一帝一个年号，而以前的往往一个皇帝有几个甚至十几个年号，年号和具体时间和具体的人联不起来，搞得人头昏脑胀。地名变化也是复杂，如北京，解放前称北平，再早些还有其他不同名称，还有统治阶级的种种称号、官衔也很麻烦，例如唐代后期的节度使权力极大，到宋朝某些主要权力全被皇帝剥夺了，没有唐朝那样威风了。京剧中常见太师，在古代称三公，权力很大，后来只是个空名称而已。同一名称，在不同时代，内容不同，不搞清这些官称之实质，也就无法搞清各朝的政治情况。当然，搞清年号、官衔等等并不等于懂得历史，但要懂历史，就非掌握这些初步的基础东西不可。如何掌握基础知识呢？东翻翻西翻翻是需要的。

但是，就初学历史的人们来说，最好不用这种方法。应读完一本再读第二本。与其翻上二十本，一本也没读完，倒不如认真地读完一本再读第二本。其次是先后的问题。我看先读基础的东西。断代史的研究也要从通史开始。“前无古人，后无来者”的断代史学习方法是不扎实的。通史有了基础，再搞断代史就扎实了。第三，目前应以正史为主。学唐朝历史的先念新旧《唐书》。然后再深入，如研究天宝时代安史之乱，再读些有关的著作。前两步还没走，就走第三步是不行的。昨天，我看了一篇稿子，说的是明万历年间的一次土司战争。作者没有把整个通史和明史研究好，而专门研究播州的历史，结果很多问题搞不清楚。先基础，后专门，从基础到专门，这样做，是符合对事物的认识过程的，因而也是有效的。

这里又发生一个问题，即：人的记忆力可靠吗？念过的书都能记牢吗？也许大家看过一两遍就能记住了，我可不行。年轻时还能记得一些，现在看完就忘了。怎么办呢？我看，一些基本的主要的东西应反复多念几次，感性的东西增加，才能熟悉。另外，就是抄书。我是提倡抄书的。不但眼勤，还要手勤。抄书方法很多，有的记主要内容，这本书主要的讲什么，解决什么问题，提纲挈领地记下来帮助记忆。有的是为研究某个问题，把看到的有关资料全都抄下来。有的目前虽来不及研究，但材料很重要，有意义，也抄下来。抄书这一关很重要，要眼勤手勤，否则就要吃亏，我是常吃这个亏的。有时看到一条材料，觉得很重要，当时一大意，没有记下来，以后费了九牛二虎之力也找不到。所以要随读随抄。最好抄在卡片上，不用本子。起先我也是抄在本子上的，可是抄多了以后，用起来就很麻烦，查起来费事，以后聪明些了，抄在卡片上，再归类排队，找起来很方便。抄的资料多了，多看几遍，就可以帮助巩固记忆，也自然会发现问题，提出问题，从而解决问题。我的看法，学历史与学文学是有所不同的，文学家可以凭灵感，灵感一来，文章就写出来了。历史家可不能靠灵感，只能靠念书。知识总是靠逐渐积累的，从无到有，从少到多，从片面到比较全面。我说比较全面，这是因为历史的全面的知识是不可能的，不存在的。

为了要知道看哪些书，就要学点目录学。不学目录学是不行的。目录学在我国很发达，已成了专门的学科。书很多，都看了也不必要，一般的掌握《四库全书总目》也就行了。《四库全书》有经、史、子、集四部，学习历史主要是史、子两部。经常翻翻它是有好处的。我看应该提个要求：一个大学历史系的毕业生，当人家提出一个问题，你就能告诉他去看什么书。我看这是一个起码的要求。

二、对待历史文献的态度问题

那么多书是否都可信？古人说："尽信书，不如无书。"此话有理，但有些片面性。完全不信，那就没有历史了。在讨论中，有人提出：史书全是封建史家写的。对的，那时中国根本没有马克思列宁主义者，以此，没有一部书中有马克思列宁主义。封建史家有他的阶级立场，他要为本阶级利益服务。可以说，每部史书都是打上阶级烙印的。有人这样说：既然都为其本阶级利益服务，其记载就不可信了。封建史家对人民起义、对广大人民的发明创造加以诬蔑、隐瞒、歪曲，这是必然的。《清史稿》说辛亥革命是"盗起于武昌"。在国民党的记载和文件中，照例骂共产党是"共匪"，要国民党说共产党好，那怎么可能呢！但是否从此可以得到结论：过去的史书都不可信呢？作这样结论是危险的。因为全盘否定的结果，只能造成民族虚无主义。相反，对史书应该有分析：一方面有不可信处，如歪曲农民起义等等；但另一方面，所记载的这件事情是可信的，如方腊、宋江、韩林儿等起义是实有其事的，如连这些也不相信，哪里来的历史呢？对这些事实，封建史家能不能全部歪曲、诬蔑呢？不可能。事物总是有联系的，这里歪曲、隐瞒了，那里就不能完全歪曲、隐瞒；这个时期歪曲、隐瞒，但不能长期地歪曲、隐瞒下去。况且历史资料是那么丰富，这本书上被歪曲了，从其他的记载中可以得到比较正确的记载。比如说《史记》中写楚汉之争。司马迁是有他的立场的。他是汉武帝时人，官僚阶级出身。在他的笔下有扬有抑。写项羽，虽是失败了，但从本纪里可看出他是个英勇、直爽，而又粗暴的性格，写得很可爱。而刘邦则是一副流氓相。两下相比，作者的观点、立场并不隐晦。写到两人的成败，项羽主张分裂，维持战国后期状况；刘邦主张统一（当时曾有人为刘邦出主意，要他分封，后被张良发现、劝阻了）。可见项羽是违背这个时代人民要求统一的潮流；刘邦却迎合时代的潮流和人民的要求。当时统一、和平的局面是广大人民的愿望。当然，也有些记载是完全歪曲的。如《三国志》里曹丕赶走汉献帝一段。当时曹丕说没有经验。有人出主意强迫汉献帝学古代尧、舜的禅让，一次禅，一次让，以至二次、三次。最后便不让了，曹丕做了皇帝，他说："舜、禹之事吾知之矣。"原来是这么一回子事！从此开了先例，南北朝宋、齐、梁、陈在换朝代时都要这一套把戏，那些记载当然是不可信的，就是在当时谁也知道是鬼话。特别是到南朝，一个大将军拥一个小孩做皇帝，当要废掉另立新帝时，就给小孩子加上种种莫须有的罪名，多少条罪状，这些罪状大体上都是不可信的。所以，对待历史文献材料，应该有分析。完全不信，不行；完全信，太老实，也不行。这里要做核对工作，必须区别可信和不可信的东西。其次，正史之外还有野史，野史是私人记载，比较随便。当时出版条件不具备，写完书往往放在家里，主观上是不准备流传的，因此，用不着说什么假话，这里面有不少真实的材料。当然私人记载也有靠不住的，特别是明朝，有人为了攻击政敌，写一本书，专门骂，好处一点也不讲，这样的书就不可信。对待史料应慎重、认真、严肃，区别可信与不可信的，在可信的基础上作分析、综合的研究工作。不可以一棍子打死，也不能认为完全可信。

中国史家有一个据实记事的好传统，即使有杀身之祸也不怕。春秋时代晋国的董狐、齐国的南史都是例子。司马光修《资治通鉴》就经过很严肃、认真、细致的工作。他约几个专家作助手，先拟出全书大纲，然后要每个人先收集所担负的一段历史时期的材料。把资料集中起来，进行排比，其中同一件事，可能有不同的记载，他采取考异的办法，写上认为可信的一种，同时附上其他几种，以保存史料，还告诉读者为什么用这条材料而不用那条材料。《资治通鉴》编纂至今已经经过许多世纪，但它还有很高的学术价值。当然，其中也有司马光自己的评论，有些是我们所不能同意的，甚至错误的。不过大体上，他的材料是比较可信的。

附带说一下现实主义与浪漫主义结合的问题。有人说历史上并没有共产主义呀，如何与现实联系呢？也有人问：从历史上继承什么？恩格斯说过道德总是阶级的道德，封建道德是为封建统治服务的，今人学习它有什么意义呢？这两个问题提法不一，实质上却是一个。也就是对待古代文献的态度问题。诚然，古代没有共产主义，要求古人有共产主义思想是非历史主义的、反马克思主义的态度。反过来，古人的道德品质难道就没有一点值得我们学习的吗？古人道德和今人的道德当然不可相提并论，这是一面。但另一面，人类历史无非是阶级斗争和生产斗争的历史。在生产斗争中，古人的智慧、创造、发明；在阶级斗争中，不畏强暴，坚强不屈，像孟子说的："富贵不能淫，贫贱不能移，威武不能屈。"有为保卫民族利益而牺牲的英雄，有为研究某一些问题而花上毕生精力的科学家，这些优良品质难道不值得今人学习？难道今人不要勇敢而要懦怯？不要智慧而要愚蠢？为什么不可以拿历史人物的某些美德，某些成功、失败的经验来教育今人？我们应该尊重历史，要重视自己的历史，研究历史，从中吸取有益的东西。毛主席早在1942年就提出要学习理论、现实、历史三个方面。光学了理论、了解现实是不够的，还要懂得历史。不仅要学中国史，而且要学外国史，只有这样才能指导今天的行动。毛主席的话在今天仍有现实意义。总之，对历史文献，应该认真对待，不能完全相信，也不能全盘否定，应区别可信和不可信，有害与有益，有用与无用，从总结前人经验的前提出发，批判地继承其中某些有益的东西，丰富我们的生活、文化，提高我们的工作，这样才能达到古为今用的目的。

三、理论联系实际

先有理论还是先有实际？有些人不是把两者对立起来，就是认为先理论后实际，这都是不正确的。任何理论只能从实际中产生，没有离开实际的理论，实际是理论的唯一来源。人们从实际的生产斗争、阶级斗争中积累经验，总结起来，提出理论，指导实际。只有主观主义、唯心论者才有不从实际出发的理论。古人也讲格物致知之学，他要格竹子，便对着竹子，坐着想了几天，道理没格出来，人倒格病了。道理很简单，要懂得竹子，只有去培养它，解剖它，使用它，才能了解它。光对着竹子空想是任何问题也不能解决的。唯物论与唯心论之区别也就在此，一个是从实际出发，一个是从空想出发。明了这一点去学历史就好办了。历史本身就是实际，我们叫它作历史实际。过去在编中国历史教材时，对中国历史之下限应到何时，有争论。有人主张到1961年，有人主张到1949年。后来，我们认为，所谓历史是表示某一件事已告一段落，正在进行和发展变化中的事实是不能算作历史的，这叫做当前实际。历史实际和当前实际之区别即在于此。当然，当前的实际在若干年后，也会变成历史，这两者也不能一刀两断截然分开的。另外，应该从历史发展本身找规律和特征，一个国家一个民族的历史总有本身的特点，不能将历史一般化，而应抓住特点。毛主席的《中国革命与中国共产党》是理论和实际结合的典型。它讲历史实际，又讲当前实际，把我国整个历史和近百年历史的特点和抗日战争中阶级关系相联系，制定出适应于当时情况的方针、政策。离开当时的实际和历史实际，就无所依据，提不出这些论点。当时为什么要建立抗日民族统一战线？这统一战线为什么必要？为什么可能？为什么必须由党领导？其他阶级为什么不能领导？可见学习历史、研究历史不仅在于解释历史，更重要的是从中得到结论，提高到理论，指导当前的实际。上海有一青年来信说，历史讲的都是死人，与今人关系不大。这是错误的。学历史不是为死人服务，而是为活人服务；不是为了过去，而是为了今天和明天。我们不能像过去的学者，将历史与其他科学，与理论割裂。胡适是反对用马克思列宁主义来研究历史的，他硬说阶级斗争、封建社会在历史上是不存在的。和他同辈的人，不少人也持有这种看法。他们拒绝马克思列宁主义理论，主张少谈些主义，多谈些问题。当然这种看法在今天是很少了。但如何以理论指导研究和学习历史呢？这是值得研究的。

第一，有人问先学理论还是先学历史？我看先学历史后学理论。抓住实际的东西来检验理论，否则理论与什么东西结合呢？

第二，在联系马克思列宁主义、毛泽东思想的普遍真理时，应考虑到各国家、各民族的特殊性。生搬硬套是有害的。例如最近在讨论封建土地国有制问题，马克思说过东方土地国有制。这“东方”到底包括哪些地方呢？有人把中国算进去，就说中国也是土地国有制。有人则说马克思指的东方没有包括中国，仅指印度、波斯和日本。就是“国有制”的意义也有不同理解。“国”是指什么？是以皇帝为中心的统治集团呢，还是包括所有人民的“国”？这“有”又是如何“有”法？过去历史上有或多或少的土地是属于中央政府的，它有各种名称，如宋时的官田，明朝的皇庄等。这些算是什么？这些问题没有搞清楚，勉强联系，看来并不是有益的。

第三，马克思恩格斯的论述很多是专指欧洲某一国、某一事、某一问题的，这些是否可以完全适用于中国呢？一方面是普遍真理，放之四海而皆准；另方面，各国有各国的特征，是否在写中国史时，也要按照欧洲的发展规律来写？正确的方法应是从历史实际出发，用马克思列宁主义、毛泽东思想作指导来研究，千万不可以偷懒。最近有些争论之所以不得解决，原因就在于对经典“各取所需”。我这样理解，你那样理解；我摘这一段，你引那一段，对不上口径。反过来，离开理论也不行。以最近讨论的民族史为例。我国有五十几个民族，共同创造了几千年的历史。历史上的民族关系如何？历史上各族间都发生过战争，怎样看待这些战争？除汉族外，渤海、女真、契丹、蒙古、满族等族都建立过中央或地方政权，又怎样来看待这些时期的历史呢？我们认为，所有在今天中华人民共和国版图内的各民族，都是大家庭中一员，并无地位高低之分，对国家的进步都有贡献。历史上曾经有过的纠纷和战争，都应作为我们国家内部矛盾来处理。以往写历史，唐宋多，辽金少，那也是不对的。这些是历史实际，也是现实问题，没有正确的理论来指导研究是会犯错误的。以前有人总爱称唐帝国、汉帝国、明帝国、清帝国，这帝国是谁封的？《明史》上没有，《唐书》上也没有，原来是我们历史家自己封的。历史上从来没有一个朝代称过帝国，最多不过加一个“大”而已。我们一方面要把历史问题与现实问题分开，过去我们打过人家，今天由于社会主义制度决定我们不要别人一寸土地，也不允许别人侵占我们一寸土地。对于邻国，我们是大国，应谦虚、慎重。另一面，历史问题应从理论上考虑，也要与当前实际联系。认为历史实际与今天实际不相干的看法也是不对的。可以这样说，历史科学是政治性最强的一门科学。必须与理论密切联系，没有正确理论的指导，不可能有正确的结合。运用理论要注意普遍性，也要注意特殊性，不能按照别人的东西来套，那样做是不够认真，不够严肃的。

此外，战争性质问题，历史上有不少战争，哪些是正义的，哪些是非正义的，应从当时具体事实出发才能得到结论。不能说我们全错，也不能说全对，其中有防御性的，也有侵略性的。历史人物评价也如此。不能用一个模子到处去套，历史上有文学家、历史家、法律家、军事家等等人物，只能对每个历史人物作具体分析。不过有一条是肯定的，列宁和毛主席也都说过，就是不能要求古人作今人的事，或以今人标准来衡量古人。

这里又牵涉到对历史文献的态度了。比如评价曹操，不能把他儿子曹丕和曹植对他的颂扬当作群众的评价，说曹操是太阳。这就要看是谁说的？在什么场合说的？在什么情况下说的？评论者与被评者的关系怎样？不分析这些是得不到正确的结论的。

学习和研究历史，不单单是解释历史，而是要从历史中总结经验，为现实服务；不是为了古人，而是为的今人；不是脱离政治的科学，而是政治性很强的科学。我们要尊重历史，严肃、认真地实事求是地学习和研究历史，从中归纳出某些特点，吸取某些珍贵、有用的经验、教训，使之成为社会主义建设中有用的东西。在这样的前提下，当前历史工作者首要的任务是学习理论，以指导历史的学习和研究。

（原载《教学与研究》第3期，1962年）

学习历史知识的几个问题

——在中华全国新闻工作协会举办的报告会上的讲话

什么是历史？

历史工作者和新闻工作者的关系是很密切的。新闻工作者的任务是把新近发生的国内外的重大事件正确地传达给人民。要真实地反映情况，不能浮夸。新闻报道除了准确以外，还要力求简练、鲜明、生动。假如一个记者的报道写得很啰唆，很枯燥，使人看不下去，尽管反映的情况是真实的，那也不符合现代报纸的要求和读者的要求。因此，报道的科学性和艺术性应该是统一的。对于历史著作的要求也是如此。记载史实要实事求是，要准确，不许浮夸、虚构，同时也要有艺术性，要写得鲜明、生动。所不同的是，新闻工作者记录的是今天的历史，历史工作者记录的是过去的历史，差别只此而已。从这个意义上说，新闻工作者也是历史工作者。有人认为，讲科学性就不能讲艺术性。我看，这种把两者对立起来的看法是片面的。我国历史上有很好的传统，文史是不分家的。司马迁的《史记》，是旧时代的第一流的历史著作，也是第一流的文学著作。司马迁费了很大的力气做调查研究工作，他把可能阅读的文献都阅读了，还游历了国内的很多大城市，搜集地方文献，访问了许多年长的人，借以印证自己采访到的历史事实，再通过文艺手法，把这些资料记录下来。他的态度和方法是科学的、严肃认真的，他的描写是生动活泼的。比如《项羽本纪》中鸿门宴这一段记载就非常生动，达到了科学性和艺术性的完美的统一。它既是历史著作，也是艺术作品。

但是，这就发生了一个问题，到底什么叫历史？随便举个例子：有出戏叫《三打祝家庄》，一些评论文章说这个戏取材于历史，说是一出历史戏。大家知道，《三打祝家庄》这个戏取材于《水浒》，《水浒》是一部好书，但不是历史。《水浒》里面主要描写宋江的事情。宋江是确有其人的，《宋史》上记载，宋江是一位农民起义的领袖。但到底他们做了些什么事情？打过祝家庄或李家庄，历史上没有记载。《水浒》的作者根据许多民间传说，也根据元朝的一些杂剧，加以虚构想象，写成功这样一部有名的作品，这是了不起的事情。但是无论如何，在艺术上成功的作品，不能说就是历史。《三打祝家庄》的故事除了见于《水浒》以外，历史上从来没有记载过。那么，能不能说《三打祝家庄》是取材于历史呢？这样的说法恐怕是欠考虑的，容易引起观众思想认识上的混乱。把历史的要求真实跟文艺上许可虚构的区别混淆了。又如田汉同志改写的《谢瑶环》，也有人说这个戏取材于历史，问题就更加严重了。武则天是实有其人，可是谢瑶环有没有其人其事？历史上没有任何记载。再说，在唐朝那个时代，一个女人假扮男人出去作巡按，而且在作官的时候跟男人结婚了，这是不可能的。最后，武则天为了这件案子，她自己亲自跑到现场去，也没有这种可能。都没有可能，而有人把它说成是取材于历史，那就会引起更大的混乱。假如说，只要历史上有这个人，不管这些事情可不可能发生，都可以算作历史的话，那么《封神榜》也可以算是历史小说，因为写的是武王伐纣，武王和纣王实有其人，姜太公也实有其人。同样，《西游记》也可以算作历史小说，为什么呢？唐僧和尚确有其人，他到印度去取经确有其事。那么，依此类推，《大闹天宫》也成历史了。又如《杨门女将》这样的戏，无论是戏也罢，电影也罢，都很好，它反映了人民抵抗外来侵略的要求。但是，它是不是历史戏？应该说不是历史戏，历史上不存在这样的可能。应该指出，有不少的戏因为你叫它历史戏，有些观众就认为它是历史。我碰见一位年长的人，文化水平也较高，他就问过我：“你说佘太君没有这个人？戏上演的嘛，它既是历史戏，佘太君就应该有这个人。”我说没有，他还是说：“不对，有。”甚至有的人竟把戏剧上的佘太君搬到历史上去了，这就把事情搞乱了。所以，这个问题需要澄清。

什么叫历史？毛主席说得很清楚：“阶级斗争，一些阶级胜利了，一些阶级消灭了。这就是历史，这就是几千年的文明史。拿这个观点解释历史的就叫做历史的唯物主义，站在这个观点的反面的是历史的唯心主义。”[①]历史是记录阶级斗争的，这就叫历史。当然，人类除了阶级斗争以外，还有生产斗争，即人跟自然界的斗争。记录过去这方面的真实情况的，也叫历史。总之，记录阶级斗争的、生产斗争的，都叫历史。参加阶级斗争和生产斗争的一些人物的活动，当然也是历史。历史就是人在阶级斗争和生产斗争中的活动，把历史里面的人排除出去，就没有历史了。这些人物有不同的阶级，不管他是什么阶级，只要他在历史上起过作用，包括进步的作用和反动的作用，都应该有记载。不能因为他这个人是皇帝、是国王、是宰相、是将军，他的阶级成分不好，就不承认他在历史上的贡献；也不能因为说这个人成分很好，一无所有，贫雇农出身，可是他一辈子没有什么成就，也把他写在历史上，这样，历史就太多了，读不胜读了，也就取消了历史了。那么，为什么起过反动作用的人物也要写进历史呢？这是因为这些人在当时曾经和人民作过对头，危害了人民的进步事业，写了这些人，这些事，不但可以弄清楚为什么当时人民要起来反对，以至进行武装起义，同时也可以通过这些人，这些事，在历史上起反面教员作用。历史家否定了坏人坏事，对广大人民群众来说，也是一种教育，是有其积极的意义的。总之，对历史人物的肯定还是否定，这要看一个人做过什么对当时人民有利的事，对生产有利的事，对阶级斗争有利的事。历史的范围很广，各学科都有各学科的历史，任何一个部门，都有它一个

---

①《毛泽东选集》，第4卷，1491页。

发生发展的过程。毛主席说：“中国现时的新政治新经济是从古代的旧政治旧经济发展而来的，中国现时的新文化也是从古代的旧文化发展而来，因此，我们必须尊重自己的历史，决不能割断历史。但是这种尊重，是给历史以一定的科学的地位，是尊重历史的辩证法的发展，而不是颂古非今，不是赞扬任何封建的毒素。对于人民群众和青年学生，主要地不是要引导他们向后看，而是要引导他们向前看。”[①]这话虽是二十年前说的，但今天完全适用，而且今后永远适用，这是个科学的论断，是普遍真理。你要清楚地了解今天，就得要了解过去。只知今不知古，是不对的；只知古不知今，更是不对了。知今和知古是紧密联系着的，知古是为了更好地知今。学习历史不只是为了取得过去时代的知识和经验，更重要的是为了做好今天的工作，就是为现实政治服务。

为什么要学习历史？

为什么要学习历史？我想最好用列宁的话来说明这个问题。列宁在《青年团的任务》一文中说，如果以为“不掌握人类积累起来的知识就能成为共产主义者，那你们就犯了极大的错误”[②]。又说：“无产阶级文化并不是从天上掉下来的，也不是那些自命为无产阶级文化专家的人杜撰出来的。这完全是胡说。无产阶级文化应当是人类在资本主义社会、地主社会和官僚社会压迫下创造出来的全部知识发展的必然结果。”[③]列宁所说的人类创造出来的全部知识财富，就是历史。和列宁的话相印证，毛主席在《中国共产党在民族战争中的地位》一文中说：“一般地说，一切有相当研究能力的共产党员，都要研究马克思、恩格斯、列宁、斯大林的理

①《毛泽东选集》，第2卷，701页。

②《列宁全集》，第31卷，253页。

③同上书，254页。

论，都要研究我们民族的历史，都要研究当前运动的情况和趋势；并经过他们去教育那些文化水准较低的党员。特殊地说，干部应当着重地研究这些，中央委员和高级干部尤其应当加紧研究。指导一个伟大的革命运动的政党，如果没有革命理论，没有历史知识，没有对于实际运动的深刻的了解，要取得胜利是不可能的。”[①]他又说：“学习我们的历史遗产，用马克思主义的方法给以批判的总结，是我们学习的另一任务。我们这个民族有数千年的历史，有它的特点，有它的许多珍贵品。对于这些，我们还是小学生。今天的中国是历史的中国的一个发展，我们是马克思主义的历史主义者，我们不应当割断历史。从孔夫子到孙中山，我们应当给以总结，承继这一份珍贵的遗产。这对于指导当前的伟大的运动，是有重要的帮助的。”[②]为什么要学习历史？道理已经很清楚了。

旧时代对历史也很重视，不过意义和今天有本质的区别。在甲骨文时代，我国就有史官了。那时人们遇到重要一点的事情都要占占卦。拿个乌龟壳或一块骨头，钻个孔，在火上烧一烧，按裂纹来卜吉凶。占卜后把结果记录下来，刻在甲骨上，这就是甲骨文，也就是当时的史料。记载这些占卜的人，就是最早的历史工作者。所以，最早的历史工作和宗教迷信是混在一起的。春秋时代各国都有史官，史官有个优良传统，就是要实事求是，遇事直书，不能浮夸歪曲。例如春秋时代齐国大夫崔杼把国君杀了，史官就写：“崔杼弑其君。”崔杼大怒，把史官杀了，史官的弟弟来了，还是写“崔杼弑其君”，又被杀了；老三来了，还是写“崔杼弑其君”，老三也被杀了；老四来了，还是写“崔杼弑其君”。崔杼一看不行，杀不完，只好不杀了。老四出门的时候，一个老人南史氏急忙赶来说：“你要是被杀，我来写。”据实直书，历史上有这个优良传统。各个朝代不管是

---

①《毛泽东选集》，第2卷，521页。

②同上书，522页。

哪个家族统治，都很重视历史记载，皇帝左右有起居注官，称为左史、右史，左史纪言，右史纪事，专门记载皇帝每天说的话，做的事。从唐朝开始，每个皇帝都有史官作起居注，皇帝死了，新皇帝继位，便把起居注所记载的材料跟中央和各地方的档案综合起来，编成一部历史书，叫作“实录”。这种“实录”从唐朝一直到清朝都有。溥仪作了三年皇帝，也有一部书叫《宣统政纪》，和“实录”的性质差不多。古代的有些统治者为什么重视历史呢？他们认为历史记载了从前的兴、衰、治、乱，可以从前人那里吸取统治经验。《资治通鉴》一方面是历史，一方面是政治教科书。《通鉴》的“鉴”字就是镜子的意思，拿镜子可以照见自己的脸，从历史中可以知道前人的所以成功，所以失败的道路。明太祖朱元璋就很重视历史，他左右有很多人给他讲历史，在采取新的政治措施之前，也要先问问历史家。由于自古以来，就有这样一个重视历史的传统，所以我国的历史材料极为丰富。第一，从有文字以来，我们一直有历史记录，从来没有中断过，在世界上可说是历史记载最长的一个国家；第二，保存的历史记载最多，无论哪个时代都有很多种历史著作流传到现在；第三，不仅有国家历史，还有各个地区的历史——地方志：省有省志，府有府志，县有县志。从唐朝中期开始一直到清朝，也没有中断过，我国的地方志到现在为止，至少有一万多种；第四，我国的历史的内容多种多样，除了国家的历史、地方的历史外，还有个人历史——个人传记，以及专门记载某件事情的历史，甚至一个学校，也有一个学校的历史，如明朝后期有个东林书院很有名，就有这个书院的历史；当时的大学，北京有国子监，南京也有国子监，南监、北监都各有自己的历史；甚至一座名山、一座庙宇，也有自己的历史；有的集镇，也有它的历史；喝茶有喝茶的历史，农业有农业的历史，如北魏贾思勰的《齐民要术》，元朝王祯的《农书》，明朝徐光启的《农政全书》等等，都是记载农业生产和园艺栽培技术的历史书；讲瓷器的有陶瓷史……总之，多种多样，非常丰富。当前的问题是对这些知识，如毛主席所说，我们还是小学生，还没有能够把这些知识加以认真研究总结，有待于我们作更多的努力。

最近有些青年经常问学历史有什么用？他们有一种看法，叫做“历史无用论”。他们说，历史都是记载过去的事情的，和当前实际有什么相干？我们必须了解，所谓实际，有两个方面：即当前的实际和过去的实际，过去的实际也就是历史实际。历史实际对当时当地来说，也是当前的实际；今天的实际过了若干年以后，也就成为历史实际了。今天的实际是过去实际的延续和发展，这两者是统一的，不过因为时间的差别，有所区分罢了。历史实际是为当前实际服务的，不能把历史仅仅看成是过去的事情。要想真正深刻地认识和了解当前的实际，就不能不了解历史实际。把两者对立起来是错误的，只重视当前不重视过去也是错误的。所以毛主席说，我们要尊重自己的历史。同时他又指出，学习历史、研究历史实际，主要是为了引导青年这一代向前看，而不是向后看。我们不能像过去的历史家那样，对过去的历史采取一种“颂古非今”的态度，或者认为他那个时代所做的事情就是空前绝后的。这都不对。过去也曾经有过这样的情况，为了进行政治斗争，有所谓“托古改制”之说，王莽这样做过，康有为也这样做过。为了在政治上配合他们的主张，就引用历史上某件事情、某一句话，来作他的政治主张的注解，所谓“六经为我注脚”。这些做法都不是历史主义的态度。

我国史家固然有一个实事求是的传统，但是过去的历史记载有没有歪曲、浮夸的地方呢？有，而且很多。例如，当农民起义来反抗统治者的时候，历史记载上对这些起义领袖和群众，总是称为盗、贼、寇、匪等等，加以辱骂。在这一点上他们是千篇一律没有例外的，这是由他们的阶级立场决定的。要求过去的封建历史家来歌颂农民起义，这怎么可能呢？过去的历史记载上浮夸现象也很多。如一个王朝起来了，对于开基建业的皇帝，历史家总是把他说得如何好得不得了，这些歌颂之辞，如果仔细研究，总一大半是靠不住的。

过去的历史记载有歪曲，有浮夸，但能不能说这些历史记载都不可信呢？现在就有人说什么由于过去历史家的阶级立场是反动的，注定了要对农民起义进行歪曲、诬蔑，因此旧历史是不可信的；还认为现代的历史家应该根据马克思列宁主义的方法，根据自己的想象来写历史，来创造历史。我看，这样的历史家，真是“历史创造家”了。应该肯定，旧历史对人民群众的活动有歪曲、有诬蔑，但是它不可能把所有的事情都歪曲了，诬蔑了。从陈胜、吴广一直到太平天国，大大小小的农民起义总有几百次，重要的有十几次，这十几次农民革命，假如没有历史记载，我们现在可能连陈胜、吴广的名字都不知道了。又如太平天国，尽管清朝政府文件里面对它百般诬蔑，现在我们还可以看到很多太平天国自己的文献材料。太平天国的基本活动情况是歪曲不了的，诬蔑不了的。有人难免要说，那么，太平天国以前呢？太平天国以前那么多次的农民起义都被歪曲了，也找不到他们自己的文献了，你怎么可以知道它的真相呢？我说，不用担心，还是有办法的。我国历代有官修的历史，也还有私人修的所谓野史。野史就不像官修的历史那样和统治者亦步亦趋了，他可以比较自由地记载些真实情况。例如宋朝初年，四川发生了王小波、李顺领导的农民起义，在官书上和政府发表的文件上，当然是把他们痛骂一顿，不会说好话的了，可是，在宋朝人自己写的书里面就不同，不但对这次起义记载得比较详细、真实，书中还表现了作者对这次起义的同情。所以仅仅因为过去的历史家对阶级斗争的史实和其他一些史实有歪曲，有浮夸，就认为不可信，因而就否定了我们自己的历史，这种观点是错误的。相反地，我们应该认真严肃地努力掌握可能得到的史料，认真地研究，给某些历史人物、历史事件以一定的地位——科学的地位、历史的地位，并且要从认真研究中丰富我们今天的文化财富。

如何学习历史

要取得历史知识，了解历史实际，懂得我们的祖先做过什么，没有做过什么，什么事情做对了，什么做错了，那就得学习历史，舍此没有别的办法。怎么学历史？不少青年朋友来信问这个问题。我们历史工作者应该自我批评，工作没有做好，到现在还没有一部简明扼要、大家都可以读的中国通史。当然，通史书不是没有，问题是这些书都有它特定的读者对象，有的是给高等学校历史系学生看的，有的是给外系学生看的，有的是给文化水平较高的人看的，可是还没有一部适合广大群众阅读的通史。这样一本书，字数不能太多，用十万字，顶多二十万字的篇幅，要能把主要的历史事实、整个历史发展趋势、关键性的问题、重要的人物和事变讲清楚；文字要准确、通俗、流利、生动。现在还没有这样一部通史，有待于大家努力。这个工作需要做，但是很难做。写一部十万字的通史要比写一百二十万字的书难多少倍，可是非要有这样一部书不可。旧时有一句话："一部二十四史，从何读起。"现在已经有二十五史二十六史了，数量那样多，先念哪一部，什么时候念完？这的确是一个问题；另外还有文字问题，古时史书都是用文言文写的，现在许多青年读起来感到困难，不会断句，看了不知道书上讲的什么。

念什么？先念基础的东西还是先念专门的东西？这是要解决的第一个问题。学历史首先应该念基础的东西。通史是基础，断代史、专门史只有在通史的基础上才能学。倒过来先念专门史是行不通的。最近有位青年朋友写了一篇文章送给我看，他写的是明末播州（即今贵州遵义）土司杨应龙如何起兵反明的事，这是个专门问题，看来作者写这篇文章很费了一番力气，但他还有很多问题没有弄清楚。什么原因呢？第一缺少通史知识，第二缺少断代史知识。缺乏这些知识而去研究专门历史，势必会在许多问题上搞不清楚，所以要先念好通史。通史方面，应该念哪些书呢？我向大家推荐范文澜同志的《中国通史简编》、《中国近代史》，吕振羽同志的

《简明中国通史》也可以念。这些书篇幅数量比较少，跟二十四史比起来那是少得多了。认真地念了这些书，就可以对中国几千年的发展变化有一个轮廓的认识，没有这个基础是不行的。然后大家可以进一步读一读司马光的《资治通鉴》，这是一部好书，文字不太难，现在有标点本，标点虽有不少错误，但比没有标点的本子容易念。这部书从战国写到五代，五代以后到清朝的历史，可看清人毕沅的《续资治通鉴》，现在也有标点本。这两部书都有比较丰富的史实，但篇幅也不小，没有时间看的同志，至少也得翻一翻。这样，以后碰到什么历史问题就可以知道往哪里查书了。

第二，要学习理论。光有一些基础知识是不够的。我在前面讲过，旧时代的史家在许多方面对历史有歪曲诬蔑，怎样正确地处理它，知道哪些地方是浮夸的、歪曲的，哪些地方是不正确的？这就必须要有理论指导，所以还必须学习马克思列宁主义和毛主席著作中关于历史方面的一些论断。例如，武王伐纣是好事还是坏事？这里就有问题了。武王伐纣时，伯夷、叔齐叩马而谏，后来周武王打败了纣王，他们耻食周粟，饿死首阳山。唐朝的韩愈写了《伯夷颂》，毛主席却对伯夷提出了批评。武王伐纣时，伯夷、叔齐是反对派，虽然他们没有参加纣王反革命，至少是反对革命的，结果饿死首阳山还不是活该！可是韩愈在这个问题上就犯了错误。毛主席说："唐朝的韩愈写过《伯夷颂》……那是颂错了。我们应当写闻一多颂，写朱自清颂……"①同样地，前几年关于电影《武训传》的讨论中也牵涉到这个问题，武训这样一个人应不应该歌颂？在我们这个时代，写一个《武训传》来歌颂他对封建统治者的卑躬屈节，歌颂他那种想挤进统治集团的卑污行径对不对？他办学的目的是什么？是为谁服务的？对他应该肯定还是否定？经过讨论，大家一致认为武训应该是一个被否定的人物。历史上类似这样的问题多得很，没有正确的理论知识，没有马克思列

①《毛泽东选集》，第4卷，1499页。

宁主义，没有毛泽东思想作指导，在判断历史问题的时候就会犯错误。

第三，新闻工作者要学会查阅文献的本领。例如前几年报纸上有一篇报道播种的消息说，浙江一个地方的农民创造了一种秧船。这就发生了问题：苏东坡写过秧船诗，这说明秧船是宋朝就有了的，怎么能把它当作今天的创造呢？问题是那时有某些地区使用这个工具，政府没有广为推广，因此始终没有流传开去。我们继承这个传统很好，但是把它说成是今天的创造就不符合实际情况了。这样的例子可以举出很多，总之，报道一个什么事，你要判断它是不是新的创造发明，或者要了解一件事情的来龙去脉，就要学会查阅文献。这个本领怎么学？我们可能碰到的事情不知道有几千万件，方面这么广，每一件事都学，那是学不了的，必须找一把钥匙。这种钥匙是有的，就是目录学。过去的藏书家把他们所收藏的或见到的书籍分门别类，编出目录，有的还给每一本书写了内容提要，如《四库全书总目提要》，有分类，有提要，清朝以前的主要书目都包括进去了。这样的书，我们新闻工作者应该尽量看看。目录学方面的书上千种，不必都看，选一种重要的看看就行了，没有人要求新闻工作者都成为目录学专家，但《四库全书总目提要》要学会查，当你接触到某一件事情，想要知道应该查些什么书的时候，你就可以向它请教。经常翻翻，熟悉了它的分类情况，需要查用的时候就很方便了。当然还有些专门书目，如医有专门的医书目，农有专门的农书目，那是另外一回事，接触这类问题时，可以找这些专门的书目看。

第四，要通过文字关。我们不要求每个人都成为古文家，但过去时代的历史书都是用文言文写的，要运用历史资料，总得有把掌握古代文字的钥匙，像《资治通鉴》、近代梁启超等人的文章要能看懂。要取得这个本领，也不是很困难。我建议大家读一读《古文观止》，里面文章很多，不必全读，可以选择体裁不同的二三十篇文章熟读精读，最好做到能背诵。这也不难，一个礼拜读一篇，三十个礼拜就可以读完。有些字和词难懂，可以查查《辞源》、《康熙字典》。有了这三十篇文章做基础，就可以逐步找到独立阅读古文的门径了。行有余力，念一些古诗也好。《唐诗三百首》不一定全念，念二三十首也是好的。诗的语言最简练，念念诗对于我们的写作有好处。我不是想要大家去学着写古文，做古诗，而是希望大家练基本功，学会一些基本技能，懂得古代文字的运用，特别是一些虚字的运用，有了这些基本功夫，看古代文献就方便多了。

报刊应该宣传一些什么历史知识

历史知识的范围非常广泛，人类生活中的每一个方面，每一件事情，都属于历史的范畴，要求报刊把所有的历史知识都搬上去，不可能也不必要。宣传一些什么呢？我有以下几点意见：

第一，目前某些青年对历史的某些方面，某些内容不理解，这是一种情况；其次，我们国家一穷二白（穷是指经济上，白是指文化上），尽管我们的历史很丰富，但是一般地说，我们的历史知识还很贫乏。考虑到这些情况，我们就需要做宣传工作。毛主席指示大家学点历史，就是说大家都要有点历史知识，学习掌握历史发展的规律，从而掌握自己的命运，认清前途。这是很重要的。我看报刊应该负起帮助大家学习历史知识的责任。

第二，宣传一些什么历史知识？历史无非是阶级斗争、生产斗争，因此，应该着重宣传阶级斗争、生产斗争方面的历史知识。凡是有利于巩固人民民主专政，有利于发展生产，有利于民族团结，有利于克服当前困难的历史知识都是应该宣传的。

另一方面，是道德品质教育。是不是封建时期的道德都应该否定呢？恩格斯说过，道德总是阶级的道德。这是正确的。是不是据此就可以说封建时期的道德完全应该否定，没有可以继承的东西了呢？我看这话有片面性。应不应该否定，要具体分析。例如，忠孝节义，礼义廉耻，这些道德观念是为过去的统治阶级服务的，但也可以把它改造，使它为社会主义服务。“忠君”是过去的道德观念，除了个别遗老外，今天没有人讲忠君了，是不是连带这个“忠”字也应该否定呢？我看不应该。难道我们不应该忠于祖国、忠于党、忠于社会主义事业？孝也是一样，今天我们来提倡过去二十四孝那样的孝，那是错误的，但是父母抚育我们成人，现在他们老了，难道我们要像英、美资产阶级那样，父母到儿女家吃一顿饭还要付钱？我们不是资产阶级，对父母还是应该有孝心，父母年老了，照顾父母，尊重和帮助父母是应该的。节，封建道德观念认为死了丈夫妻子不能改嫁，甚至应该上吊，这是要不得的，应该完全否定。但是，把节理解为有骨气，例如文天祥说的“时穷节乃见”，这样的节，难道不应该继承吗？义，朋友之间互相帮助，彼此爱护，互相批评，这不是很应该吗？礼义廉耻中的礼，今天还是要的，人与人之间不能一点礼貌也没有，光着身子进电影院是不对的。有些青年人，不修边幅，头发留得好长，衣服脏极了，臭烘烘的，据说这样才叫“朴素”，这恐怕是缺乏礼的教育所致吧。廉，要不要廉洁？要不要爱护国家财物？列宁说过，即使一文钱也不应该浪费。为社会主义积累财富，就应该这样斤斤计较。公私要分清楚，不可占用公家的东西，应该有这样的品德。耻，不好的事不要去做。旧时代的这些道德，我看都应该批判地继承应用于今天，而且“节”，朋友之间也有节操问题，特别是还有民族气节的问题。有没有骨气，这就是“节”。毛主席称赞闻一多、朱自清有骨气，也就是说他有民族气节。从这个意义上说，今天还需要“节”，还要强调民族气节。

另外，我们祖先中还有不少坚强、勇敢、机智、对敌人英勇不屈，宁愿流血牺牲，也要进行保家卫国的斗争的人；有些科学家以毕生精力，致力于科学研究，有利于生产，有利于人民生活，这样一些人物，他们的事迹和道德品质，对今天都有现实的教育意义。例如李时珍研究中药材，写了一部《本草纲目》，世界上十几个国家有译本。李时珍看到过去的药书有很多错误，药物名称和实际的东西不一致；或者名物虽然一致，但药性不清楚，用药时造成很多麻烦甚至祸害，为了解决这个问题，他花一生力量，进行调查研究，写成《本草纲目》，直到今天这部书仍然是医学界的一个很重要的文献。他这种调查研究、追求真理的精神，难道不值得我们今天学习？徐霞客为了研究地质地貌，花了三十年时间奔走各地，写了一部游记，不但他所观察的一些地质地貌现象是合乎科学的，游记本身也有很高的文学价值。他那种一辈子献身科学、不畏艰苦进行调查研究的精神，难道不值得我们学习？

另一方面是进行革命传统教育，在这个问题上应该注意两点：第一，既讲革命斗争的一面，也讲反革命的一面。有些同志认为，统治阶级没有什么可讲的，讲了反而替他们作宣传了。这种想法是不对的。如果反革命那一面不讲，为什么要革命，革命斗争是针对谁的？这些道理就讲不清楚了；第二，要使我们这一代人懂得革命斗争不是一帆风顺，而是经过了许多的迂回曲折，艰难困苦，经过了多少次失败，牺牲了多少人，才取得今天的胜利。胜利来之不易。要向读者，特别是青年读者进行这方面的教育。不然，就会使他们产生太平思想。不知过去的艰难困苦、流血牺牲，也就不觉得今天事业之可贵。在这种情况下，一些坏的、不正确的思想就容易腐蚀他们。关于革命传统的宣传教育工作虽然已经做得不少了，但还需要加强。

至于宣传形式，可以多种多样，不要千篇一律，故事、散文、回忆录、论文等等形式都可以。总之，我们的人民迫切需要历史知识。假如我们的工作做得比较好，他们就会比较容易地接受，乐于接受。我们应该用一种使群众喜闻乐见的形式来进行历史主义、爱国主义的阶级教育。通过这种形式，给广大人民以丰富的历史知识。这个工作是有利于提高人民的文化水平，有利于改变我国一穷二白的面貌的。这样的工作应该做，而且应该做好。在这一点上，希望新闻工作者们努力，同时，我们历史工作者也愿意协同做好这件事情。

（原载《新闻业务》第7期，1962年）

历史教材和历史研究中的几个问题

建国以来，我们的历史科学有了飞跃的进步，显著的极为可喜的成绩。

伟大的成绩是一面，但是，也还有另一个方面，那就是在历史教材的编纂和历史研究工作中还存在不少问题，这些问题虽然不大，但也必须引起我们严重注意。

这几年来，我有机会读了几种各级学校的中国历史教材，和许多篇专门论文。虽然因为时间的限制，没有可能对这些教材和论文作详尽的全面的研究，但就涉猎所得，发现有以下这些问题，提出来供历史学界的朋友们参考和引起注意。

第一是对祖国历史的看法。在许多种教材中，都强调农民起义、农民战争，这是正确的。问题是：第一，只写农民起义的一面，不写或少写农民所反对的一面，这样一来，阶级斗争几乎只剩下一面了。只有一个阶级是无论如何斗争不起来的，这是极为浅显的道理。而且，就农民起义的叙述来看，由于史实的缺失，由于对每一次农民起义缺少必要的专门研究，结果，虽然时代、地点、人物、起义原因、性质都并不相同，但在叙述上却往往很少区别，把不同的事件，用相同或雷同的叙述，是非历史主义的。第二，由于特别强调农民起义，势必压缩其他方面的叙述，农民起义史有代替中国通史的趋势。第三，要强调农民起义的正义性，就非相对地刻划封建统治阶级的罪恶活动不可，这是必需的，应该的。但是，历史上的封建统治阶级为了维护自己的统治利益，决不是连一件好事也没有做过的。教材的编写人看来极力想避免对帝王将相的歌颂，以免丧失立场，结果除秦始皇而外，对像汉武、唐宗、康熙、乾隆等这样比较全盛的时代的领导人物不写或很少描写，于是，历史上的光明面丧失了，写在书上的尽是这个皇朝如何坏，农民起义推翻了它，另一皇朝起来了，又如何坏，农民起义又推翻了它，一片打倒声，历史几乎成为漆黑一团，灰溜溜的。这种叙述的方法，在我看来，也是不全面的，不符合历史实际的。也正由于历史上的光明面写得少了，黑暗面多了一些，我曾问过孩子们的意见，他们说尽是这个坏，那个坏，要爱祖国的历史，怎样也爱不起来！第四，是议论太多，而且大体雷同，说这个人有局限性，说那个人也还是局限性，人物不同，结论却差不多相同。特别是叙述农民战争的情况，因为史实不是很充分，几乎有以论代史的味道，把生动的史实变成空洞的议论，这个毛病似乎流行得相当广泛，也最使读者感到头痛。

第二是取消封建皇朝体系问题。有不少人认为要写人民大众的历史，就不能不取消封建皇朝体系。于是，书上的朝代、年号、帝皇的庙号都不见了，一律代之以大家所熟知的公元。这样做的结果，效果是很不好的，不久前曾有人谈起，就是在北京，有一个大学毕业的学生，就分不清自己国家历史上朝代的先后。另一个呢，当有人问起乾隆是谁时，他也瞠目不知所对。这两个学生的在校成绩都是较好的，差一点的就更不用说了。另一方面，历史是有习惯性的。贞观、洪武、康熙、乾隆……这些人是谁，在什么朝代，一般人都具有这点常识。现在把这些年号去掉了，代之以公元多少年，以虚代实，倒反把人弄糊涂，搞不清到底是相当于自己国家历史上什么时候了。而且，最根本的是封建王朝的存在，是客观实际的存在。谁也没有权力把它去掉。人类经历过不同的社会阶段，我们国家并非例外。我国封建社会的时间之长，有它自己本身的原因，这一段历史不承认它，行不行呢？我看谁都会说不行。既然不行，这个体系自然也不可能去掉，这是极为明白的道理。但是，居然有不少人不明白，还大论而特论之，这是不能不令人诧异的。当然，在朝代、年号、庙号之后加注公元，使人进一步明确时间的概念，这是必要的，但公元毕竟不能代替客观存在的自己国家的封建皇朝体系，这一点却必需说清楚。

第三是国内民族关系问题。在这个问题上，也有些书、有些人有不少混乱的看法。他们大概从今天党的民族政策，今天国内的民族关系实际情况出发，以今套古，把古代的民族关系也现代化了。一方面他们承认我国自古以来就是多民族国家，另一面却又一味强调，在长期的历史关系中，各族都是友好相处的，个别的甚至说成是兄弟般的关系。这样一来，就把历史上实际存在的民族矛盾掩盖了。因为要强调各民族的和平共处，就不得不把曾经发生过多次的民族间的战争、压迫、屠杀的史实抹煞了，这样写法是完全不符合历史实际的。反之，必需实事求是，要明确指出历史上的民族关系，有和平相处的时期，也有矛盾发展而爆发战争的时期。同样，有汉族的大汉族主义，欺侮、压迫、屠杀各少数民族的史实，也有少数民族的地方民族主义，破坏统一、团结，进行内战的史实。必须两方面都交代清楚。当然，片面强调和平共处是非历史主义的，同样，用相反的方法，不讲和平共处的一面，只挑战争、压迫、屠杀的一面，把历史上的民族关系说成是民族相斫史，那就更是错误的。混乱的另一面还表现在，有些书和论文也写民族间的矛盾、战争、压迫、屠杀，但是，在一提到这样史实的时候，就把过错一古脑儿都算在汉族账上，好像有一个公式，只要是汉族和少数民族间的战争，总是汉族的错。这也是不对的。历史上固然有许多次汉族发动的对少数民族的非正义战争，但也确有不少次是汉族进行自卫的战争，是正义的。必须就事论事，就每一次战争进行具体的研究、分析，从而得出科学的结论，不这样做，没有研究、分析，凭空给这个以这样、那样罪名，是不科学的，也是不公道的。也还有这样一种情况，例如秦代对四川、广西的开发，汉武帝时对江苏、浙江、福建的开发，明代后期到清初的西南地区的改土归流等等，对于当时当地生产的发展，民族关系的融洽，祖国版图的扩大和巩固，都是有积极意义的。但是，在个别书上、论文上，以至历史地图上，竟标明这些行动为扩张，为侵略，结果，闹成在自己的领土上，自己的人民，对自己扩张和侵略，这不是十分可笑吗?

第四是国际关系问题。也和国内民族关系一样，有的书和论文也是从今天的现实出发，把我国历史上的国际关系也描绘为一贯和平友好，以至兄弟般的关系的。事实上，我国历史上和邻邦的关系，确有和平共处的一面，但也有战争、不友好的一面，有我国向外发动侵略的一面，也有我国被邻邦侵略的一面，只讲一面是片面的，把所有历史时期的国际关系都说成是和平友好，是不符合历史实际的。当然，我国和许多邻邦的关系，几千年来并不是每年都在打仗，比较起来，和平相处是主流，是根本的，但也不能说没有战争。例如越南，在今天来说，我们两国是兄弟之邦，在历史上确也是长期间友好相处，但在东汉初年和明朝前期，我国就曾经对越南进行过侵略，我们祖宗犯下的过错，我们得老实承认，但也要弄清楚，我们可不能替千百年前的祖宗负责。不是我们的过错决不要胡乱包下来。

第五是战争性质问题。在这个问题上，有些人的看法也是混乱的，例如无区别地不分别战争的性质，笼统加以反对，或者不从阶级关系分析出发，只要是少数民族打汉族便是正义的，汉族打少数民族便是非正义的；邻邦小国打中国是应该的，中国进行自卫战争便是不对的。也有的资料把军队叛变也归入农民战争的范围之内。这些看法应该说都是不正确的。正确的处理是从阶级关系分析出发，是从侵略或者自卫出发，例如历史上有不少少数民族对汉族进行战争，主要是由于少数民族的某些统治者，为了个人的争夺财富、奴隶、土地而进行的，这难道能够说是正义的吗?又如汉族为了自卫，两汉时期的对匈奴多次战争，唐初对突厥的战争，这难道能够说是非正义的吗?总之，无论是国内也罢，国外也罢，任何战争都必须从具体史实研究出发，就每一次战争加以具体研究，要采取实事求是的态度，不加研究、分析，笼统地给戴上一个帽子，是不能令人同意的。

第六是历史人物评价问题。有不同的偏向，一种是以今人的标准要求古人，甚至对古代某些应该肯定的人物，要求他们以他们所处时代不可能有的思想意识和行动；另一种恰好相反，把古人现代化，古人的面貌衣冠，却具有现代最优秀人物的思想意识，这两种偏向都不是合于科学态度的。在许多教科书和传记上，也往往在肯定了这个人物之后，笔锋一转，说可惜呀可惜，这个人可惜生在那个时代，为那个时代所局限，有了局限性云云。其实哪个时代的人没有局限性呢，我们这个时代的人又何尝没有局限性呢？苏联的加加林、季托夫上了天，我们现在还不能，这不是局限性？这三年来遭受了连续的灾荒，虽然由于有了三面红旗，大大减轻了自然灾害的严重性，但是，毕竟我们现在还不能制服自然呀，这不是局限性？我们自己在这个工作，那个工作中，由于理论水平低，实践经验少经常犯错误，这不是局限性？应该明确，局限性不限于古人，是任何时代人都有的，不只是我们自己有局限性，将来的人还会有，拿这个来要求、批评古人，我看并不是合于原则的。此外，由于有一些历史人物未经论定，在教科书上就索性不写或尽量少写，这是一种自以为是的避免犯错误的方法，结果，教科书上的历史人物就出现得非常之少，把人的活动从历史领域中排除出去，结果又怎么能够生动，怎么能够不枯燥呢！相反，我认为像解放前的旧教科书那样，满纸人名、地名、年代，使人苦于记忆，无法消化，固然不好，但像今天某些教材那样，有意识地把人名、地名、年代写得过少，而议论过多，并且，还都是大体相同的议论，那也是并不很好的。也曾和编辑教材的同志谈起，他们说有些人物实在不敢写上去，因为没有经过论定，不好写。这固然是一面的道理，但另一面，也正可以说，正因为未经论定，才应该论，必须论，我们不论谁来论？谁都不论，不是永远“未经论定”了吗！我以为关于历史人物的评价原则问题，应该解决，大家发表意见，取得一致后，据以评价历史人物，这个问题是可以妥善解决的。

第七是学风问题。从一些书和论文得到的印象，似乎在历史学界有一种宁左勿右的倾向，右了怕犯错误，左一些问题不大。表现在评价历史人物上，往往贬多于褒，应该肯定的人物不敢肯定，不该否定的人物倒否定了，即使肯定了，也要加上一个小尾巴，以对今人的要求来要求之。表现在民族关系上，少数民族总是对的，汉族总是不对。表现在国际关系上，一贯和平共处，好像五项原则是古已有之似的等等。应该说这是一种违反实事求是的学风，是非马克思列宁主义的学风，是不合乎毛泽东思想的学风。不从历史的具体实际研究出发，而只从今天的某些政策、方针出发，强迫历史实际服从今天的实际，是非科学的，非历史主义的学风。这个苗头很不对头，虽然还没有成为风气，但毕竟出现了苗头，这个苗头是不对的，我们必须坚决反对，要以从历史实际出发、实事求是的学风，是什么就是什么，既不要故意贬低，也不要有意抬高，做得恰如其分，努力做到比较符合于历史实际，这是我们大家应该共同努力的方向。

以上一些问题，只是在读书以后所得到的印象，所发生的疑问，由于没有作全盘的深入的研究，可能其中有不少地方的印象是错误的，疑问是不必要的。但是，骨鲠在喉，还是把它写出来，提供历史学界的朋友参考和注意，并希望通过问题的提出，得到历史学界朋友们的教益。

1961年8月17日于北戴河

（原载《人民教育》第9期，1961年）

论历史知识的普及

为什么要学习历史？

我们这个国家的特征，除了领土广阔，资源丰富，人口众多，各民族都具有勤劳、智慧、勇敢的传统，敢于斗争，敢于革命，在历史上发生过无数次的农民革命，推动历史前进以外，而且历史最悠久，有三千年以上的文字记录的历史文献；历史从未中断，尽管封建王朝不断更替，记录的历史却一脉相承，保存完整；历史著作体裁最丰富多彩：不但有官修的正史——通史和断代史，还有数量众多的私人著作的野史，不止有国史，还有地方史，包括省志、府志、县志，以至镇志、山志、庙志、学校志，和私人传记、笔记、个别历史事件的专史等等。这些记载，记录了我国几千年来波澜壮阔的阶级斗争和生产斗争的史料，其中包括有成功的经验，也包括有更多的失败的经验。这些经验，只要能够以马克思列宁主义的立场、观点、方法，加以整理、研究，从中引出规律，总结成为理论，惩前毖后，批判地继承，必将大大丰富我们的文化，发生巨大的教育作用，鼓舞英勇豪迈的人们，更加信心百倍地、有效地建设我们的社会主义祖国。

我们的历史是一份无比珍贵的遗产，是值得我们自豪的。我们的历史，记录了我们先人几千年来从斗争实践中积累起来的知识。列宁说过："只有用人类创造的全部知识财富来丰富自己的头脑，才能成为共产主义者。"[①]由此可见，要成为一个共产主义者是必须学习历史的。

---

①《列宁全集》，第31卷，254页。

历史是什么东西呢？“一些阶级胜利了，一些阶级消灭了。这就是历史，这就是几千年的文明史。拿这个观点解释历史的就叫做历史的唯物主义，站在这个观点的反面的是历史的唯心主义。”①历史是记录阶级斗争经验的科学，要取得革命斗争的胜利，也必须要有历史知识，毛泽东同志教导我们说：“一般地说，一切有相当研究能力的共产党员，都要研究马克思、恩格斯、列宁、斯大林的理论，都要研究我们民族的历史，都要研究当前运动的情况和趋势；并经过他们去教育那些文化水准较低的党员。特殊地说，干部应当着重地研究这些，中央委员和高级干部尤其应当加紧研究。指导一个伟大的革命运动的政党，如果没有革命理论，没有历史知识，没有对于实际运动的深刻的了解，要取得胜利是不可能的。”接着他指出学习的方法：“学习我们的历史遗产，用马克思主义的方法给以批判的总结，是我们学习的另一任务。我们这个民族有数千年的历史，有它的特点，有它的许多珍贵品。对于这些，我们还是小学生。今天的中国是历史的中国的一个发展；我们是马克思主义的历史主义者，我们不应当割断历史。从孔夫子到孙中山，我们应当给以总结，承继这一份珍贵的遗产。这对于指导当前的伟大的运动，是有重要的帮助的。”②在《新民主主义论》中，又指出：“中国现时的新政治新经济是从古代的旧政治旧经济发展而来的，中国现时的新文化也是从古代的旧文化发展而来，因此，我们必须尊重自己的历史，决不能割断历史。但是这种尊重，是给历史以一定的科学的地位，是尊重历史的辩证法的发展，而不是颂古非今，不是赞扬任何封建的毒素。对于人民群众和青年学生，主要地不是要引导他们向后看，而是要引导他们向前看。”③由此看来，总结继承历史的遗产，指导当前的伟大的运动，并由此引导人民群众和青年学生，看出中国的前途，这

①《毛泽东选集》，第4卷，1491页。

②《毛泽东选集》，第2卷，521~522页。

③同上书，701页。

不止是对革命战争年代有其现实的意义，从今天建设社会主义的伟大运动来说，也是必要的，有重要的帮助的。

要学好理论，提高理论水平，做到理论联系实际，也必须学习历史。毛主席教导说：“马克思列宁主义是马克思、恩格斯、列宁、斯大林他们根据实际创造出来的理论，从历史实际和革命实际中抽出来的总结论。我们如果仅仅读了他们的著作，但是没有进一步地根据他们的理论来研究中国的历史实际和革命实际，没有企图在理论上来思考中国的革命实践，我们就不能妄称为马克思主义的理论家。”我们需要怎么样的理论家呢？“是要这样的理论家，他们能够依据马克思列宁主义的立场、观点和方法，正确地解释历史中和革命中所发生的实际问题，能够在中国的经济、政治、军事、文化种种问题上给予科学的解释，给予理论的说明。”“中国共产党人只有在他们善于应用马克思列宁主义的立场、观点和方法，善于应用列宁斯大林关于中国革命的学说，进一步地从中国的历史实际和革命实际的认真研究中，在各方面作出合乎中国需要的理论性的创造，才叫做理论和实际相联系。”[①]由此可见，要有理论性的创造，除了对革命实际的认真研究以外，还必须认真研究中国的历史实际，认真学习自己国家、民族的历史，不这样做是不行的。

马克思列宁主义经典作家一贯强调学习历史的重要意义：“现代唯物主义把历史看作人类发展的过程，而自己的任务就在于发现这种过程的运动规律。”[②]掌握了这个规律，也就能作自己的主人，掌握自己的前途。有了精湛的历史的知识和当前事实的详细考察，也就能洞察当前所发生事变的意义，便于下决心，采取正确的办法，引导运动健康地前进。把历史知识和历史经验普及给广大的人民群众，也就可以提高人们的认识，丰富人

①《毛泽东选集》，第3卷，816、822页。

②恩格斯：《反杜林论》。

们的思想，提高了人们的文化水平。以此，毛主席教导我们："……不要割断历史。不单是懂得希腊就行了，还要懂得中国；不但要懂得外国革命史，还要懂得中国革命史；不但要懂得中国的今天，还要懂得中国的昨天和前天。"他特别指出："对于近百年的中国史，应聚集人材，分工合作地去做，克服无组织的状态。应先作经济史、政治史、军事史、文化史几个部门的分析的研究，然后才有可能作综合的研究。"[①]这话是毛泽东同志在1941年5月间说的，到现在已经二十一年了。

尽管学习历史有如此巨大的意义，但是，可惜得很，这种意义在今天的社会上，特别是在青年学生中，并不是每个人都能理解、都能领会的。他们中间有一些人认为历史是无用的东西，以为历史既然写的是过去的事情，和今天的现实有什么相干呢？或者以为所有的历史都是过去时代封建史家们写的，不可能不打上自己阶级的烙印，既然如此，又怎么值得学习呢？也有人认为在各级学校中，有关历史的课程都减少了学时，由此得出结论，历史在所有学科中是最不重要的，无须努力学习的。有的人更严重到这地步，认为只有用马克思列宁主义的立场、观点、方法写出来的东西才是历史，过去时代并没有马克思列宁主义，而只有封建主义、唯心主义，因此，旧历史是完全不可信的，他们因此对祖国伟大的历史采取虚无主义的态度。由于以上种种不正确的看法，在当前，在有些人中间，还是和毛泽东同志所批评过的，不论是近百年的和古代的中国史，还是漆黑一团；忘记了自己的祖宗；认真地研究历史的空气还是不浓厚的。应该说，这种情况是不好的，必须加以改变。

改变之道也还是在于学习。大体说来，具有上述种种思想情况的人们，尽管以种种理由轻视自己的历史，但是，马克思、恩格斯、列宁、斯大林、毛泽东同志的话还是肯听的，马克思列宁主义和毛泽东著作还是愿

① 《毛泽东选集》，第3卷，801、802~803页。

意学习的。只要强调指出所有马克思列宁主义经典作家都是极端重视历史知识、历史实际以及自己国家、民族历史的学习的，那么，问题也就不难解决了，风气是可以而且必须改变的。

当然，我们说要学习历史，并不是说其他学科就不重要了，只有学习历史才是唯一的重要的事情，这样的理解是错误的。决不可以从上面所说得到这样的结论。

我们的工作有了巨大的成绩

建国十二年来，历史学界根据毛泽东同志的指示，做了很多工作，成绩是巨大的。我们做了许多前人没有做过、不能做到的事业，正如其他战线上的成就一样，历史科学方面也是如此。这种景象是不能不令人欢欣鼓舞的。

历史科学方面新的成就，表现在以下几个方面：第一，也是最根本的，是立场、观点、思想方法的改变。由于无产阶级取得了领导权，有了党的正确领导，我们有充分的机会和条件学习马克思列宁主义和毛泽东著作，历史唯物主义、辩证唯物主义的思想在历史科学中占了绝对优势的地位，封建主义的、唯心主义的思想失去了几千年以来的正统地位，不吃香了；帝王将相中心论，地理环境决定论，历史循环论等等谬论都破产了。我们站在人民的立场，以唯物的观点，辩证的观点，实事求是地去研究历史，分析历史，解释历史；我们遵从毛泽东同志的指示，认识到历史是人民群众创造的，农民战争是推进历史发展的动力；我们从毛泽东同志的著作中，学习了评价历史人物的标准，那就是评价历史人物只能从他比前人多做了一些什么事，提供了什么新的东西，而不能以后人的成就要求于古人，特别是在最近三年以来，马克思列宁主义、毛泽东思想在历史科学里的绝对领导地位确立了，历史科学有了正确思想的领导，今后必将获得更为辉煌的成就，长足的进步。这是一个翻天覆地的变化，有史以来所未有的变化，值得我们自豪，高兴。

第二是文献资料的搜集、整理、出版。毛泽东同志指示我们首先要研究近百年历史，我们这样做了。例如中国史学会先后编辑和出版了《鸦片战争》、《太平天国》、《洋务运动》、《中法战争》、《捻军》、《回民起义》、《中日战争》、《戊戌变法》、《义和团》、《辛亥革命》等书，搜集了大量的资料；有关研究出版部门也正在着手编辑有关农民战争和各个不同时代的社会经济史料；专业史方面如经济史部门的近代手工业、农业、工业史料；自然科学部门的数学史、化学史；技术科学部门的机械学史，文哲部门的文学史、哲学史资料等等，都有专门著作出版。去年为了纪念辛亥革命五十周年，单是政协全国委员会就已收到七百万字的稿子，今后还会有很多。许多亲身参加过辛亥革命的老人都鼓起干劲，写自己亲身经历的和所见、所知、所闻的事情，以极严肃慎重的态度，把所记录的史事和其他老人反复对证，力求核实可靠，成为信史，这种情况也是空前的。由创造历史的人们自己写历史，而且不是个别的人，是为数众多，遍布各地区的人，应该说是世界历史上的创举。同样，有许多参加现代革命斗争的同志，也写了许多回忆录，《红旗飘飘》和《星火燎原》已经出版了多册，成为青年所最爱读的作品，也是教育青年认识过去革命战争时代的艰巨性、复杂性、曲折性的最好教材。认真研究近现代史的风气已经开始了，这是一个极为良好的开始，收获丰富的开始，值得庆贺的开始。

第三是调查访问工作的展开。这个工作古人也做过，例如司马迁，他就曾遍历名山大川，访问一些人物，看了一些实物，写成著名的《史记》。徐霞客也用了三十年的时间，游历了很多地方，考察地貌、地质，写成《徐霞客游记》。但是，他们都是个人的活动，规模决不可能有我们今天这样大，范围这样广泛。举例说，近几年来，关于太平天国、捻军、宋景诗、义和团和现代革命斗争史迹都做了调查，有了丰富的收获。通过这些从实际中、从人民中来的材料，不但可以丰富我们历史的内容，而且可以纠正历史上许多错误的歪曲的记载。特别值得指出的是关于少数民族地区的调查访问，这个工作做了好几年了，参加的人以百计千计，涉及的范围大，地区遍及全国，收获的丰富也出人意外，单是记录的文字史料就有几亿字。不难设想，经过整理、研究、提炼，这里面该有何等丰富的宝藏啊！这部分无价的史料不但可以丰富、完善祖国的历史，使之成为名符其实的多民族大家庭的历史，而且，进一步还可以提高，写成我国自己的社会发展史。因为我国各兄弟民族发展的历史阶段不尽相同，几乎每一个社会发展阶段都可以找到独特的典型，从这个意义来说，其成就将是超越国界的，必将对世界历史科学提出新的贡献，对马克思列宁主义提出新的贡献。

第四是大量考古资料的出土。十二年来，由于城市的扩建、改建，大批工厂企业的创建，铁路、公路、水库、大型水利工程的兴修等等建设事业的发展，伴随而来的是大量地下文物的出土，旧石器、新石器时代的遗址的发现，数以百计千计，封建社会各个时期的墓葬，以至古代整个村落遗址的发见，如西安的半坡村，郑州的商朝古都，和许多地区古代冶铁遗址的发见等等。这些资料大都有比较可靠的历史年代，资料的本身都可以在各个方面说明所处时代的社会经济情况，是最可靠的历史资料。通过这些资料的研究，必将大大丰富、充实祖国历史的内容。而且，就其数量之多，质量之高，保管之好来说，也是前无古人，过去任何时代所不曾有过的。

第五是历史科学队伍的成长。十二年来，由于党的培养，由于文化教育事业的飞跃发展，通过历次政治运动的锻炼，一支庞大的红色的历史科学队伍正在成长中。就一般情况说，高等学校历史系的教师队伍有百分之八十、以至九十是新成长起来的青年力量，科学研究机构的情况也是如此。至于田野考古的队伍，那就更突出了，除了个别的骨干以外，几乎全是年青人。这是一件了不起的大事。虽然这批年青人的底子还不很扎实，还没有能够掌握大量的文献资料，历史知识还不是很丰富，在工作中显得有些紧张，应该讲清楚，这是正常现象，只要他们能够不畏艰险，不断努力，通过学习，通过实践，在党的正确领导下，是可以攀登科学高峰的。目前发见有少数人有沉不住气的现象，对自己的要求有些过高，甚至也过急了，“欲速则不达”，必须让他们懂得这个道理，才能健康地前进。

如上所述，历史科学在这十多年间所取得的成就是伟大的、空前的。历史科学界的前途是无限光明的，每一个历史工作者都有用武之地。也还必须指出，我们之所以能够取得如此伟大的成绩，归根结底一句话，是党的领导。无须多说，同是这六亿五千万人民，同是这九百六十万平方公里土地，为什么在解放以前，无论是文献也罢，调查也罢，考古也罢，队伍也罢，一样也不能做呢？更不用说立场、观点、方法问题了。问题的本质就是如此。

必须做好普及工作

我们的成绩是伟大的、空前的，但是不等于说没有缺点，缺点还是有的，而且不少。

我们的缺点，就其主要的来说，是研究工作没有跟上去。例如中国史学会出版的有关近百年史那样多的资料，数以万件计的那样多的考古实物资料，和更大量的少数民族调查访问资料等等，在目前来说，大体上都还是资料。几年来由于各高等学校的课程改革和编纂教材，占用了很多人力，我们还没有能够组织人力，分工合作地对这些资料作过详尽的研究，写成专门的论文，专门的著作。从资料提高到成品，到理论，把这方面的学术水平大大提高一步，这是有待于我们大家共同努力的。

其次是普及工作也没有跟上去。

在提高的指导下普及，在普及的基础上提高，两者是不可偏废的，必须两条腿走路。单有提高，没有普及，只是少数人提高了，大多数人还是一穷二白，这是不符合我们党和国家的要求的。我们要彻底改变文化上一穷二白的面貌，必须把提高了的东西普及给全国人民，要使人人懂得点自己的和别的国家的历史，掌握社会发展的规律，认识自己的前途，并通过历史的学习，更加热爱自己的祖国，热爱党，热爱人民，信心百倍地投身到社会主义事业的建设洪流中去。相反，只有普及，没有提高，也是不行的，只是把前人达到的水平的东西普及给人民，是一种懒汉的想法，是自甘下游的想法。我们必须要尽最大的努力，用一切方法，把各个学科的水平提高到世界水平，超过国际水平，攀登科学的高峰。历史科学当然不能例外。而且，还应特别指出，研究中国自己的历史而不提到超过国际水平的程度，比世界任何一国都高，这是不应该的，也是无从想象的。所以，我们必须不断努力，不断提高，而且还应该把提高的成果用通俗可读的文字普及给广大人民，使这些东西成为广大人民知识的组成部分。这样，广大人民都拥有基本的必须的知识了，全体人民的文化水平大大地提高了，必然又反过来有力地促进提高的进一步发展。可以这样说，提高和普及又是互相促进、互为因果的，不断的反复，不断的互相促进，才能够做到使我国不只在政治上、经济上，而且在文化上也达到世界的高峰。我想，我们历史学界的同志们都应该而且必须有这样的雄心壮志！

但是，必须指出，目前有一种观点，认为只有写专门论文、专门著作才是学术研究工作，才是学者，才是专家。至于写通俗文章，写普及知识的小册子，那是低人一等的，是另一种人干的事，让他们搞去罢，我不搞这个。拿我自己作例，就曾听到人们批评："这个人呀！只会写点通俗的小玩意！"是的，可敬的先生们，确是这样，不过说法还得改正一下，对我来说，还不能说是只会，而是力求要写好通俗的东西。应该说，这种看法是错误的，非马克思列宁主义的。正如前面所说，提高和普及必须两条腿走路，试问一条腿怎么能走路呢？学术研究工作不为广大人民服务，不为工农兵服务，又为谁服务呢？当然，专门论文、专门著作要写，通俗文章、普及的小册子也必须写。而且，每人就自己的专门论文、专门著作进一步提炼一下，使它通俗化，能为广大人民所接受，这是普及工作，同时不也是提高工作吗？不是一举两得，事半功倍吗？就其效果来说，原来是只能使少数人看懂的，普及之后，读者不是几百几千，而是几万、几十万、几百万了，这又有什么不好呢？我看，每一个专门家，都应该认识到这是大大的好事，努力以赴。

我想，为了我们的干部、工人、农民、士兵，也为了我们自己的孩子，我们有权利提出这个要求，要求各方面的学者、专家也来写一点通俗文章、通俗读物，把知识普及给人民。

从1955年开始，我们做了一些工作。

根据毛泽东同志的指示，我们组织力量，标点了《资治通鉴》和《续资治通鉴》。这两部大部头书，经过标点以后，要比原来的容易读一些了。虽然标点还有不少错误，但大体上总可以说新本比旧本好，干部们是欢迎的。

接着我们又组织力量标点二十四史，已经出了几种了，许多高等学校的历史系都承担了任务。我希望有关各单位能够重视这个工作，尽最大的努力把它做得更好一些，使之成为中华人民共和国本的二十四史。

有了这两套书，我想可以初步解决高级干部和历史工作者学点历史的基本需要了。

光有标点本的基本史书还不够，还得有科学的历史地图。也是从1955年起，我们着手改绘杨守敬的《历代舆地图》。杨守敬是清末湖北人，他在那个时代，光是和他的学生熊会贞几个人做出这样大的成绩，是了不起的事。但是，他的图有缺点，用旧方法方格格画，地形地貌不科学；中原详，边疆略；只有汉族的活动，没有表现各少数民族共同缔造我们这个国家的历史记录；而且分幅过多，有三十一册，不便翻阅。我们经过多次会议讨论，决定以中华人民共和国的疆域图为底图，并且采用1960年的最新的地图作为底图，便于古今对照；用现代科学的画图方法来表现；加上边疆，加上各个历史时期的民族分布。由于工作要求的不断提高，参加的单位也越来越多了。主要有上海复旦大学、北京的国家测绘总局、地图出版社和民族学院、科学院地理研究所、历史研究所、近代史研究所、南京大学、云南大学和武汉测绘学院等等。我们希望这个新图能在1963年完成。

此外，我们认为教科书是普及历史知识的重要环节。三年前，我们试编了一套小学历史教科书。这套书不依一般通行的朝代叙述方法，而是根据儿童喜爱故事的特点，选取历史上某些有代表性的人物，有巨大意义的事件为中心，通过故事体裁编写。出来以后，很受教师和学生欢迎，认为比过去的好一些。

和教科书相配合，我们出版了《中国历史小丛书》。这套书也是以人物、事件为中心的，后来又加上史话，如《五谷史话》，《中国古代数学史话》等等。计划出三百种，现在已经出了八九十种了。写的人原来绝大部分是北京市的中学历史、语文、政治教师，后来美术教师也参加了；原来是个人执笔，后来发展为一个教研组，以至几个教研组，甚至一个学校来写了；作者原来限于北京，后来外地投稿的越来越多，作者队伍已经遍布于十七个省市了。最近一年来，由于添了史话，中央有许多部，有许多科学研究机构，许多专家也参加进来了。读者对象原来假定是小学五六年级到初中一二年级的学生，和摘了文盲帽子，认得两千字左右的工人、农民，现在扩大了，教师也看了，干部也看了，解放军士兵也成为数量最大的读者了。

通过小丛书的编写，教师们在编辑委员的帮助下，再三修改，知识丰富了，写作能力提高了；相应地，教学水平也提高了，不但教师愿意写，学校的领导也愿意教师写了。现在，编写小丛书已经成为北京市教师进修学院一项主要任务了。

有了这套小丛书的经验，去年夏天以后，我们又先后成立了《外国历史小丛书》的编辑委员会和《地理小丛书》的编辑委员会。《地理小丛书》内容分中国地理、外国地理、地理学三部分。这两套书都将在这个季度开始出书，听取读者意见，准备更大量的出书。

以上这三套书，都是小本子，每本字数从一万几千到二万字左右。要求书的内容立场、观点正确，史事叙述的革命性和科学性的统一，文字通俗、生动、流利。都附以必要的插图，要求做到图文并茂，读者爱读。

如何做到通俗，在一个作者的座谈会中，有人提了两条，我看是很恰当的。那便是第一稿子写好以后，先给自己的幼年儿女读，孩子读懂了，而且有兴趣，那便算通过了，有不懂或不感兴趣的地方，便必须改写；第二是把稿子交给外行读。我们有许多史话，例如《钢铁史话》、《陶瓷史话》、《京剧史话》、《佛教史话》、《医药史话》等等都是很专门的，内行人读懂了不算，只有连外行人也能完全读懂了，才算达到通俗的地步。

我们这样做，不只供应了一些可读的书给读者，达到知识普及的目的，而且第一，通过实践，提高了写作人的学术和写作水平，在学校里成为好教师，在社会上也出现了一批新的作家队伍；第二，高等学校和中等学校虽然关系很密切，但教师之间来往并不多，特别是学术性的探讨更谈不上，我们邀请了许多高等学校的教授们作编辑委员，负责帮助作者修改写作提纲，讨论问题，审阅稿件和提供必要的帮助，这样，就把一部分高等学校和中等学校教师结合起来了，挂了钩了，通了气了；第三，由于工作的要求，有不少没有写作过或很少写作的人现在都动起笔了，找资料，谈问题，发挥了积极性，也繁荣了学术气氛。

至于对中级干部，我们也正在编一套《历史丛书》，每本五六万字到十几万字，也以人物和事件为中心，只是要求内容更丰富些、具体些，道理说得更清楚些。预计在今年内也可以出十几本。

以上几套书，《中国历史小丛书》和《历史丛书》是由中华书局出版的；《外国历史小丛书》是由商务印书馆出版的；《地理小丛书》是由中国青年出版社出版的。我们十分感谢这些出版部门给予的支持。要说明的是无论哪一套书，北京的朋友们只是作为一个发起人，开了一个头，都迫切要求各省市历史、地理工作者和其他学术部门专家的支援。要求各方面的学术工作者参加这个活动，参加历史、地理知识普及的活动，参加历史、地理科学为工农兵服务，为生产服务，为无产阶级政治服务，为社会主义建设事业服务的活动。同时，各个省市都拥有很大的写作力量，我们也迫切希望各省市能够组织人力，分工合作地做类似我们的这些活动，也可以做自然科学、技术科学知识的普及活动。我们向所有各方面的专家、学者提出要求，请大家深刻地体会毛泽东同志在二十年前说过的话："我们的专门家不但是为了干部，主要地还是为了群众。"①

最后，还要谈历史剧问题。历史剧是普及历史知识，进行阶级教育最有效的工具之一（最近有人写文章说历史剧没有这个任务，当然他可以有这样的主张。不过我从历史剧的发展来说，还是说有）。在过去时代里，工人、农民没有受教育的机会，但也知道有汉，有唐，有诸葛亮、包公等等历史人物，这些知识主要是从历史剧得来的。但是过去的历史剧有它自己的目的性，和我们今天的要求不尽符合，而且，其中绝大部分是不完全或者是没有反映一定时期的历史情况的。我们在这里不是责备旧历史剧，而是说在今天，应该有我们这个时代的历史剧，来对广大人民进行历史主义、爱国主义的教育。为了做好这个工作，我们也认为必须做到历史工作者和戏剧工作者的充分合作，由历史工作者提供有戏剧性的、有教育意义的历史素材，由戏剧家据以编写剧本。在编写和彩排过程中，历史工作者应该尽量给戏剧工作者以可能的帮助，使历史剧这朵香花也在万紫千红的剧坛上开得更加茂盛、鲜艳。

---

①《毛泽东选集》，第3卷，865页。

这方面的合作，北京方面已经开始了，如《文成公主》、《胆剑篇》、《武则天》、《甲午海战》等等，我们都参加了讨论，提供了意见。去年，我们还编了一本《历史剧拟目》，水平虽然不高，但很受戏剧界欢迎。我们希望各省市的历史工作者也能够这样做。

总之，历史知识的普及工作要大家来做，人越多越好，做的事也越多越好。开头做的时候，缺少经验，缺点以至错误是难以避免的，“吃一堑，长一智”。错了就改，决不要怕会有缺点、错误而不做。相反，只有做了，通过实践，才能看出缺点和错误，从而加以改正，得到提高。我们的工作正在不断发现缺点、错误，和改正缺点、错误中。就工作的目的说是普及，但就我们参加工作的人来说则又是不断提高的过程。不只如前面所说参加写作的教师由于实践和编委的帮助有所提高，即就出版的每一本书说，在出版一个时期以后，搜集了读者的意见，研究出那些缺点和错误，交由原作者校正修改，这样，这本书也就逐步得到提高了。以此，我们的意见，不只是提高与普及必须并举，而且在普及的过程中同时也是逐步提高的过程。

我们的经验，几年来总结了几次，总结只有八个大字，曰：“党的领导，群众路线。”此外，没有了。

（原载《文汇报》，1962年3月27日）